# あなたが危ない！

## 不幸から逃げろ！

江原啓之



集英社

# まえがき

お願いします。どうか私の言葉に耳を傾けていただけませんか。なぜなら私は恐ろしいのです。あなたがあなたでなくなることが。

私の言葉が理解できますか？「あなたは、本当のあなたですか？」あなたの健康も思考も感情も、確かにあなたのものですか？もしかして、あなたが、あなたらしくないと感じていませんか？あなたの人生は、本当にあなたが自覚して望み歩んでいる人生なのでしょうか？

私は２００４年より『子どもが危ない！』『いのちが危ない！』と、私のたましいと霊眼が告げる、人類が道を誤ってしまうであろう不幸を回避していただきたく、提言をして参りました。あれから15年の時を経た今、もう一度それらの提言を読み直してみてください。残念ながら私の本意ではなく、それらはまるで予言書のように、現実のものとなっているはずです。親が子を殺し、子が親を殺す。そして８０５０問題。終わることのない児童虐待、そして犯罪と言える陰湿ないじめは後を絶たず、また日本の若い世代の自殺者数は世界1位。また連日報道される無差別殺人。これが明るい平和な国と言えましょうか？不幸に包まれている時代と言えるでしょう。

あなたの身近な人は大丈夫ですか？変貌していませんか？突然人格が変わる人が増えてい

るという声が多く届きますし、私も肌身で感じています。その究極の恐怖は、それさえも感じられないほど、自分自身が変貌してしまうことです。

ひと言で言えば、今の時代は、あなたがあなたでなくなる憑依《ひょうい》の時代と言えるでしょう。それをお伝えしたいのです。ハッキリ申し上げます。これは最終警鐘です。

ものごとには必ず理由があります。憑依の時代といっても、無暗《むやみ》に起こることはありません。それを引き寄せる、類は友を呼ぶ「波長の法則」が必要です。無慈悲な出来事には必ず同じ無慈悲な心があり引き寄せるのです。

私は人生の最大の罪は、「無知」であり続けることに甘んじ、無知を智に変えないことだと申し上げています。簡単に言うなら考えないことは罪なのです。

日本人は悪い意味で「受け入れ上手」だと思うことがあります。例えば「時代は二人に一人ががんの時代」と言われていますが、がんを患う多くの人が「二人に一人の時代だから仕方がない」とあきらめるようなのです。

しかし「なぜ二人に一人ががんになる時代になったのか？」と疑問に思い追究する人はいないのです。ものごとには必ず理由があるのです。なぜ、それを追究しないのでしょうか？

その思考すら心配です。

『子どもが危ない！』の中で、人々が主体性のないフランケンシュタイン化し、無機質になり、正常な愛念もなくすと言及しました。ひとが人霊《じんれい》ではなく、人間の情愛のない、親も子もない冷酷な低級自然霊化し、そしてそれが低級自然霊と同調し、無差別殺人などのような人の情けのない事件が増えると。親子の情は、人霊ならではのことですが、それが今では「毒母」「毒親」という言葉が話題になる。悲しき時代が証明しています。

『子どもが危ない！』を上梓したときに、あるブックレビューで「この書籍には、ならどうしたら良いのかが書かれていない」と言及され、唖然としたことがありました。なぜなら、警鐘を鳴らす問題点を書いたのですから、それを正すために一人ひとりが考え、実践することが最善の道であるはずなのに、それが理解できず苦言となるのです。正に時代の映し出しと言える逆ギレです。インスタント思考の問題点も拙著で提言しましたが、マニュアル人間化した人々は、細かなマニュアルがなければ動けないと言えましょう。

時代はＡＩ（人工知能）に左右される時代と言います。あるＣＭでもお母さんの誕生日にお子さんとお父さんがケーキを作り、お母さんが帰ってきたら、なんとＡＩに「ハッピーバースデー歌って」と頼みます。私は我が耳を疑いました。

声が出ないなら便利だと思いますが、ケーキを作る愛があり、歌えるのに、歌は自分で歌わない。これは正常な愛念でしょうか？　それを疑う余地は、あなたにありましたか？　ｎｏと答えたなら、それは既に憑依の心配があります。

私はあなたと、あなたの愛する人を守りたいのです。互いに愛し合う愛に満たされた人生に導きたいのです。なぜならあなたを襲う悲劇が予測できるからです。それを回避したいのです。

本書では、これまでみなさんも危惧していたことや、逆に何一つ疑問を抱かずにいた、日常のことに至るまで言及しています。しかし、そんな細やかなことと侮《あなど》らないでください。そこに大きな落とし穴があるからです。

私たち人間は、肉体という乗り物を持ち生きています。そして運転手がたましいです。人は死して死にません。乗り物を脱ぎ捨てるだけでたましいは永遠に存続するのです。

ですから最近話題となる安楽死さえもスピリチュアルの視点では、どのように美化しようとも自殺なのです。そこで自浄作用のパワーバランスでしょうか、最後まであきらめず必死に生き抜いた人が迎えられるご褒美としての死をテーマにしたミュージカル『キャッツ』が映画化。「どんなにボロボロになってもお迎えがくるまで頑張りなさい」とする自戒のようです。しかし、現世では肉体という乗り物がために、たましいが振り回されることもあります。今回はそこに宿る憑依の事実と脅威もお伝えしています。どうか、あなたがあなたらしく、最後まで輝いていただきたいと祈りを込めて本書をお届けします。あなたの人生が、あなたの輝けるオーラのままでありますように。

目次

## 第2章　ストレスの正体



## 第3章　ストレスと向き合う

## 第6章 ストレス、そして憑依を恐れない生き方

【対談】


装幀―ミルキィ・イソベ（ステュディオ・パラボリカ）
本文付物レイアウト―安倍晴美（ステュディオ・パラボリカ）
カバー・本文写真―HAL KUZUYA

あなたが危ない！——不幸から逃げろ！

# 第1章 現代日本に蔓延するストレス

## 憑依を呼ぶ日本人のストレス

### 《蔓延する不幸のストレス》

ストレスのない人などいないでしょう。とくにこの日本では、子どもから大人まで誰もがストレスを抱えながら、そのストレスに押しつぶされそうになっています。実際に心身を病む人も少なくありません。ストレスこそ「不幸の元凶」とも言えるでしょう。

けれどもここでひとつの疑問がわき上がってきます。それは〝ストレス〟とは、いったい何なのかということです。

実はストレスという言葉ほど、曖昧模糊《あいまいもこ》としたものはありません。

例えば、疲れがなかなかとれずに病院に行き、特定の病気を示す検査結果が出なかったとします。そこで医者が「ストレスが原因ですね」と言えば、患者も「ああ、やっぱりそうですか」と、うなずいてしまう。

具体性がなく、つかみ所がないのに、ストレスと聞いただけでなんとなく納得してしまい、そのストレスが一体、何なのかまで、突き詰めて考えることはしないでしょう。

そして「ストレスだからしょうがない」などと受け入れ、対症療法的に癒《いや》しを求めたり、逆に「ストレスに負けないぞ」とばかりに根性論で立ち向かっていくのではないかと思います。

しかし、現代日本に蔓延するストレスは、そんなやり方ではとうていやり過ごせず、また立ち向かうこともできません。だからこれほど多くの人がストレスに苦しみ、命さえも削っているのです。

本書では、あらゆる角度からストレスを分析するとともに、ストレスとどう向き合い、対処していけばいいのかをお話ししていきます。なぜストレスがキーワードなのかと言えば、ストレスによって自分を見失い、憑依を受けることもあります。誰もがその瀬戸際に立っているのです。

私はこれまで『子どもが危ない!』『いのちが危ない!』という2冊の著書を世に送り出しましたが、残念なことにこれらの系譜に連なる先に本書があります。あなたのたましいが「危ない」状況にあることを自覚しつつ、まずは現代日本にある、ストレスを読み解いていきましょう。

## 《嘘の時代》

「日本は豊かな国だ」と、政治家は言います。でも「好景気だという割には、実感が持てない」と誰もが思うのではないでしょうか。

実は「豊か」の裏に「共働きで豊かになっている」というトリックがあるのです。数字の上で、今までよりちょっと豊かになっているだけ。それも夫婦2人で働いて、やっとそこそこ豊かな暮らしができる程度です。

ということは夫婦のどちらか一方が病気になったり、失業して収入が途絶えればとたんに生活は逼迫《ひっぱく》します。妻の妊娠はおめでたいことなのに、産休でパートを休めば収入は減り、やはり生活は苦しくなる。そのうえ2人で家のローンを組んだりしていれば、もう一気に家計は崩壊です。

そんな綱渡り状態なのですから、日々の食費を切り詰めたり、レジャーにお金をかけず、そのぶんを貯蓄に回して備えるのは当たり前。当然、好景気の実感など持てません。ましてや共働きでなければそこそこ豊かに暮らせないとなれば、シングルマザーを含む単身者に至っては推して知るべしです。

政治家が「好景気」を強調するなら、もっと豊かさを感じてもいいはずなのに、実感できるほどではないのはこんな実態があるから。これではまるで生き残りゲームです。

この世にはこんなトリックがいくらでもあります。嘘の時代と言ってもいいくらいです。写真などをインターネット上で他人と共有するインスタグラムには、「本物よりも見映えのいい」写真を載せる。

AIが搭載されたスピーカーやロボットを「人のように見立てて」会話する。

そして極めつきは、もはやお金ではないものが流通している「仮想通貨（暗号資産）」。今や政府までもがキャッシュレスを推奨し、お金という実体さえなくなりつつある様相です。

私たちは、嘘の時代、仮想の時代を生きている。そのことをしっかりと認識しなければ、嘘に巻き込まれ、自分を見失うことになるでしょう。

## 《すべての根底にあるもの「物質主義的価値観」》

ではなぜこのような嘘の時代、仮想の時代になったのか。

その答えは極めてシンプルです。時代の根底にあるもの、それは私たちの小我《しょうが》（自分を最優先する利己的な気持ち）であり、物質主義的価値観（目に見えるものや物質の豊かさに価値をおく考え方）です。

私たちが、大我《たいが》（見返りを求めない無償の愛）よりも、愛した分だけ返して欲しいという打算から、自分の利得を求める小我を優先させたからでしょう。

目に見えないものへの敬いを持ち、たましいを満たす愛を大切にする霊的価値観。それよりも、お金や地位、目に見える便利さを追い求めた結果です。

日本の食の安全について警鐘を鳴らしている東大教授が「今だけ、金だけ、自分だけ」という言葉を述べていますが、とても的を射た表現だと思います。個人も、企業も、国も、目先の利益、そして自分の利益だけを最優先に考えている時代です。

その物質主義的価値観を良しとし、そこに身を委ねてしまうのは、あまりに怠惰。つまり私たちは、自らで自らの首を絞めているようなものです。

混迷の時代には、よく陰謀論がささやかれます。ひと握りの人間が世界を牛耳っているだの、新世界秩序が生まれるだのと、まことしやかに言われますが、とても幼稚な考えと言わざるを得ませんが。ひと握りの人間という誰かや、よくわからない陰謀を持ち出して何かのせいにする考え方は、たとえが悪いかもしれませんが、ウルトラマンが来て、怪獣を倒し、世界を救ってくれないかという発想によく似ているからです。

人が不幸になるには、自己憐憫《れんびん》、責任転嫁、依存心という三原則があると、私は思います。陰謀論はまさしく、この3つが揃っている考え方。これでは何も解決しません。

それよりも自分たちが招いた現状なのだ、原因は自分たちにあるのだとまずは認めること。だからこそ変えることができるのも自分たちだと、考えを新たにすることです。そのほうがずっとポジティブですし、現実的です。

私たちの自覚によって、世界のマーケットは変えられる。

これはただの理想論ではありません。責任主体だからこそ実現可能な未来です。

## 《あなたは「本当のあなた」ですか？──憑依の真実》

ぼんやりしていると自分を見失う時代。それはいちばん怖いことではないでしょうか。

ここで問いかけたいのは、「あなたは本当のあなたですか？」ということ。

あなたは今の自分が「本当の自分」かどうか、確信が持てますか？

既に見失っているのではないか、という恐怖はありませんか？

もしかしたらこの嘘の時代においては、自分が洗脳されていることにすら気づいていないという状況かもしれません。もっと言えば、憑依されていることすら気づかない人も多いのです。

本書は、私たちが失いつつある責任主体に立ち返る本であると同時に、本当の自分にもう一度、立ち返る本でもあります。物質主義的価値観の洗脳を解き、人間である本来の自分を取り戻し、生きていくための指南書と言ってもいいでしょう。それは憑依に打ち克つ手段でもあります。

まずはこの曖昧模糊としたストレスを、そのまま受け入れるようなことは、もうやめなければなりません。大切なのは、いろいろなストレスを分析し具体的に言葉に表す、言葉化です。言葉化をしていくと、「これもストレスだったんだ！」といった明確な気づきを得られます。そして何をどうすればいいか、原因もはっきりと見えてきます。世の中の嘘やまやかしに流されず、自分を取り戻せるのです。

「あなたは本当のあなたですか？」という問いかけには、実はもうひとつ、たましいの視点からの意味もあります。

例えば、頭痛などで体調が悪いときに、笑顔ひとつ作れず不機嫌になるという経験をしたことはありませんか？　体調が回復したあとで「なぜあんな態度をとってしまったのだろう。本当の私は違うのに……」と自分で思うほど、本来の振る舞いとは違ってしまうことも。つまり体というフィジカルが受けたストレスが原因で、たましいに影響を及ぼし、本来のあなたとは違う状態になることはあるのです。そうなると当然、憑依にも気づきにくくなります。

ネガティブなあなたに憑依するのは、同じようにネガティブな霊です。例えばそれは、幸せの本質がわからず、さまよいながら生き、死に、いまだにさまよい続ける未浄化霊。憑依した霊と自分が一体化し、そのうち本当の自分がどうだったのかさえ、わからなくなることも。

決して大げさに言うのではありません。そのままでは絶望の淵にいる霊と同調し、あなた自身も絶望の淵に立つことになるのです。

多くの人はストレスと言うと、精神的なプレッシャーを考えるでしょう。人間関係のストレスで精神的に参ってしまうなどはその典型例です。これはいわばメンタルなストレス。その一方で、環境や食が体に与えるフィジカルなストレスも、忘れてはなりません。第2章以降でその具体的な事例を示しながら述べていきますが、フィジカルなストレスによって、人格が変わるほどたましいが影響を受け、本当の自分ではなくなるとしたら、こんなに恐ろしいことはないのではないでしょうか。「本当の私は違うのに」と気づけるうちに、対処していかねばなりません。

## 《今も続く原発・環境からのフィジカルストレス》

2011年の東日本大震災で起きた原子力発電所事故は、いまだに私たちの生活に影響を及ぼしています。放射能の拡散は、残念ながら福島を含む広い地域にわたりました。

そのフィジカルなストレスを私たちは、誰もが受けているのです。

それなのにいまだに原発を稼働させているのはなぜでしょう。災害の多い日本でいつまた同じようなことが起きるかもしれないというのに、ダメだとわかっていて推し進めてしまうのは、「今だけ、金だけ、自分だけ」という人間の欲からではないでしょうか。「今だけをなんとか乗り越えれば、明日のことなどどうでもいい」「欲しいのは今の栄耀栄華《えいようえいが》。子どもや孫の代、未来のことなんか考えない」という小我です。未来の科学者が何かいい方法を考えてくれると思っているかもしれませんが、残念ながら多くの科学者は後先を考えていないようです。

打ち上げた衛星は宇宙ゴミとなって地球を回り続け、倫理を置き去りにして、クローンやゲノム編集で新しい命を作ろうとさえしていることでもわかるでしょう。どれだけ頭が良くても、人としての心がなければどうしようもありません。

もちろんすべての科学者がそうとは言いませんし、科学者だけが問題なのではありません。

私は講演などで多くの方から「地震がいつ、どこで起きるか心配です。近いうちにありますか？」といった質問を受けます。このように地震について心配する人は多いですが、「だから原発をなくしましょう」とは言う人は少ない。

なぜ地震と原発事故を結び付けて考えようとしないのか。その矛盾に誰もが気づくべきときです。「生きていくためには仕方ない」という考えで原発の稼働を容認するのかもしれませんが、本当にそれでいいのでしょうか。

環境破壊も同様です。大気、海、土壌は汚染され、地球温暖化も進んでいます。50年に一度というような豪雨が各地で降り、夏の最高気温は毎年のように更新されています。

遺伝子組み換え食品やゲノム編集食品の登場。添加物や農薬だらけの食品はもはや枚挙にいとまがないほどで、安全だと思える食品を探すほうが難しいほどです。

それらは私たちの小我が生み出したものであり、結果的に私たちの体にストレスを与えていることは、もはや一目瞭然ではないでしょうか。

## 《社会的マイノリティと差別は宿命か》

近年、ＬＧＢＴなど性的マイノリティへの理解が徐々に進んでいます。日本でも同性カップルを、結婚した人と同じとみなすパートナーシップ制度を設ける自治体も出てきました。

とはいえ性的マイノリティに限らず、女性差別や人種差別といったさまざまな差別はいまだに多く、現代社会では避けて通れないストレスとなっています。インバウンドや外国人材の受け入れが進むなかで、異文化とのつきあいや人種問題に直面し、ストレスを感じる人もいるでしょう。

たましいの視点から言えば、たましいに性別や人種はありません。そもそもたましいには形がないからです。たましいは、物質界である現世に生まれてくるときに肉体を必要とします。性別を作るのは、肉体のある現世だからです。

たましいで考えると、前世を含めたそれまでの経験で、男性経験者、女性経験者というのはあります。生まれた国によって、東洋経験者、西洋経験者もあるかもしれません。たましいがどのような経験をこれまでしているか、そしてたましいの表現方法として男らしい人、女らしい人というのはあるでしょう。そのなかで現世に生まれたとき、男は男らしくないから「男らしく」というスローガンを掲げ、女は女らしくないから「女らしく」というスローガンを掲げて、鼓舞したり、戒めたりするとも言えるのです。

生まれた国、時代、性別というのは変えられない宿命であり、自分が選んで決めた学びのカリキュラムとなります。人が現世で生きるうえで、性別や人種などでさまざまなストレスを感じるかもしれませんが、学びとしてその偏見差別を取り払うことの大切さも、当然あるわけです。つまり差別という学びの課題をどう乗り越えるかは、宿命ではなく自分次第で変えられる運命。運命は自分で切り拓くものであり、決まってはいないのです。

現代においては、性的マイノリティに対する理解が広がりつつも、まだ摩擦は完全になくなってはいません。偏見差別を取り払う過程にあると言えます。だからこそ、たましいの視点で受け止めることがとても大切です。

LGBTの人が、親に自分のことをどう告げるかなど、現世での対処法に悩むのはよくわかります。正直に告白することが必ずしもいいと言えず、嘘も方便で黙っていたほうがいい場合もあります。対処法はケースバイケースです。

しかしそれ以上に「前世で悪いことをした罰なのだろうか」と、己を責めるかのように考えるならば、ぜひたましいの視点で考えてください。男女の区別がないたましいが現世で男性、女性、それぞれの肉体を持ったとき、何を学ぶのか。その視点を持てば、学びの課題はあるとしても、責める必要はないと気づけるはずです。

性別に限らず、差別をもっと大局で見てみましょう。学生時代の体育会系と呼ばれるなかでの先輩、後輩の関係や、会社での上司と部下の関係でも差別はあります。

上司と行ったカラオケでうまく歌が歌えなかったり、ノリが悪くて宴会で使えないヤツだと言われて、左遷させられた人もいるほどです。これらは結局、主従関係からの差別であり、人というものは、自分より下の存在を作りたい小我な生きものなのだとわかります。

「人がなぜこの世に生まれてくるのか」との問いに対し、たましいの視点での答えはひとつ。未熟だからです。この世に生まれた人は、誰もが未熟であり、それを少しでも補うべく学んでいる途中です。だからこそ差別も、それに伴うストレスもキリがないのです。

## 子どもも大人も追い詰められている

### 《子どもが、そしていのちが危ない》

『子どもが危ない！』『いのちが危ない！』をお読みいただければわかりますが、当時、私が危惧したことの多くは残念ながら現実となっています。

毎朝、挨拶を交わしていた駅員さんのいる改札が、自動改札に替わっていくことを、「そんなことぐらいでコミュニケーションが失われることを心配するなんて大げさだ」と馬鹿にしていた人は多かったのではないでしょうか。

それが今では回転寿司にもタッチパネルが導入され、目の前のカウンターに職人さんがいても、直接声を掛けず、わざわざタッチパネルで注文するのです。挙げ句の果てには、AIが搭載されたスピーカーに「ハッピーバースデー歌って」と、お願いする時代になってしまいました。コミュニケーションどころか、自分でできることすらやらない。これを便利でいい世の中だと受け入れていいのか、改めて考える必要があります。

便利は放っておくと横着を生みます。横着が当たり前になれば、思うようにいかないことが増え、それがすべてストレスへとつながっていくのです。

今の30代～50代は、ストレスを圧倒的に受けている世代ではないでしょうか。

この世代は親に手をかけてもらって育った人たちです。「早く起きなさい」「これを食べなさい」「これをやっておきなさい」「時間割は確認したの？」「忘れ物はない？」「進学する学校はここがいいわよ」と何から何まで親に用意してもらっていた人が多いはず。

だからひとたび親元を離れると、「朝、誰が起こしてくれるの？」「ご飯は誰が作ってくれるの？」となる。なんでもやってくれていた親がいなくなり、自分でどうしていいかもわからないため、ストレスがたまります。

もちろん世の中の「便利」が増えて、「横着」を身につけているので、自分でご飯を作るのが面倒ならファミリーレストランに行ったり、ピザをデリバリーするという選択もします。でもそこには「店屋物ばかりじゃ体に毒」といった発想はありません。フィジカルなストレスにも無頓着《ちゃく》でしょう。

また親に手をかけてもらって、お姫様のように自分第一で育ったがために、自分が誰かを世話するという発想に乏しい。その結果、家庭を持ったとしても子どもは放置。放っておかれて育ったのがゆとり世代や、さとり世代と呼ばれる子どもたちです。

ですからゆとり世代や、さとり世代は親に放置されることに耐えた、ある意味ストレスに強い世代、もしくはストレスと向き合おうとしない世代なのかもしれません。

その証拠に、今の若い人たちは事故を起こす可能性のある車は持たず、トラブルに発展するから人とケンカもしません。自ら冒険をすることはせず、危険はあくまで回避。「しょうがない」「そんなの無駄」「関わるほうが損」と言いながら、ものごとと向き合わない道を選んでいる人の、なんと多いことか。

もちろん50代より上の世代の責任もあります。我が子にこれ以上ないほど手をかけて育てたけれど、それは物質主義的価値観によるもの。ですから手はかけても真の愛情はかけてこなかったのです。

80代前後の人たちが運転する車による、交通事故が頻発している現状を見てもわかるでしょう。「自分だけは大丈夫」「車がないと面倒」と運転し続ける姿は、厳しいようですが身勝手な小我です。

親子間の殺人やひきこもりなど、親世代と子世代による問題が、今、一気に噴出していると言えるのです。

## 《誰もが物質主義的価値観に追い詰められている》

いじめは陰湿さを増し、ひきこもりは長期化しています。これらについて詳しくは第3章で述べますが、物質主義的価値観に追い詰められるのは、子どもだけでなく親も同じです。

子ども、あるいは親子間に問題が起きると、世間は物質主義的価値観バリバリの親が子どもを追い詰めたと思いがちです。しかしそう単純ではないと、私は思います。実はその親も追い詰められている可能性があるからです。

私が知っている事例では、夫側の親戚から「子どもの成績が悪いのは母親のせいだ」と言われ続けた妻が、そう言われたくないがために子どもを医大に合格させようと必死で勉強させるケースがありました。

子どもが医者になりたくないことも知っているのに無理強いをしてしまう。そんな親戚と縁を切るために離婚したくても、世間体があってできない。もちろんそれも物質主義的価値観によるものですが、親自身も追い詰められているという視点は忘れてはならないでしょう。

私は多くの人に霊的視点からのアドバイスをしてきましたが、物質主義的価値観に囚われた人は聴く耳を持ちません。それが幸せではないことをどんなに語っても、「そんなことは聞きたくありません。それよりうちの子は医大に入れますか？」などと言います。

大人も子どもも、親も子も、誰もが物質主義的価値観に追い詰められているのが、今の時代です。その苦悩も理解したうえで、物質主義的価値観の哀れさ、そこから生まれる不幸を改めて見つめる必要があるでしょう。

## 霊界からメッセージが来ている

### 《今、霊的な時代の揺り戻しが起こっている》

物質主義的価値観が生む不幸について、私はずっと警鐘を鳴らしてきました。それを予言だと言う人もいますが、そうではありません。間違いがあるから問題が起きているだけ。すべての根底にあるのは物質主義的価値観なのです。

これまでの歴史を振り返ると、時代には大きな波があると、私は思います。物質主義的価値観に世の中が傾こうとすると、霊的価値観に引き戻されるかのように、大きな揺り戻しが起きるのです。

具体的に言えば、物質主義的価値観と霊的価値観がクローズアップされるような出来事が、同時に起こるということ。

例えば1800年代は、マルクスの共産党宣言が出されるなど物質主義的価値観が勢力を増した時期。それと時を同じくしてアメリカでポルターガイスト事件が起き、霊との交信が客観的に示されました。マスコミにも取りあげられ、以降、近代スピリチュアリズムの研究が盛んに行われるようになったのです。

実は1800年代前半の日本では、前世の存在を実証する「勝五郎の再生」が起きていました。詳しくは『前世　人生を変える』（徳間書店刊）に譲りますが、この話は国学者の平田篤胤《あつたね》が勝五郎本人や周囲の人に取材をし、記録した文献が今も受け継がれている実話です。

そして現代もまた、同じような揺り戻しが来ているのではないでしょうか。

物質主義的価値観がはびこる時代だというのはもう周知の事実。その一方で、これほど「スピリチュアル」という言葉が人々に浸透している時代もないでしょう。

WHO（世界保健機関）憲章の健康の定義にもspiritualの言葉を入れるかどうかの提案がされました。「Spiritualityは人間の尊厳の確保やQuality of Life（生活の質）を考えるために必要な、本質的なものである」という意見が提案の背景にあったのです。

そして日本は奇しくも令和という、時代の節目を迎えました。天皇陛下が即位される際に行われる大嘗祭《だいじょうさい》は降霊祭でもあると言われています。

世界、そして日本で起きているさまざまな出来事を照らし合わせると、物質主義的価値観に対して、「この期《ご》に及んで、まだ目が覚めませんか？」という問いかけが霊界から私たちにされているように思えます。

## 《食と環境は大きなキーワード》

現代のフィジカルなストレスとして私たちが避けて通れないのが、食と環境です。なかでも食は小我の表れどころと言ってもいい部分です。

なぜこんなに多くの食料が生産されているのでしょう？　野生のライオンだって、お腹がいっぱいならば目の前に食料となる他の動物がいても襲わないそうです。人間だけが空腹を満たす以上に食料を求め、貯め込んでは使い切ることもせず捨ててしまうのです。

食品廃棄が社会問題になるほど、先進国では食料が余っています。必要以上に作られる一方で、食の貧困にあえぐ人もいる。こんなバランスの悪い話はありませんし、矛盾した食のあり方はおかしいとしか言いようがありません。

添加物や農薬にまみれた食品が流通するのも、小我が根底にあるからです。

形が良く、見栄えのいい野菜や、日持ちのする安くて味のいい加工食品を求める消費者が大勢いるから、企業が作るのです。昔は「安かろう、悪かろう」や「安物買いの銭失い」などと言いましたが、今やすっかり忘れられてしまったようです。

逆を言えば私たちがその矛盾に気づき、考えを改めれば、変えられるのではありませんか？原発を始めとする環境問題、そして食の問題を見直すだけで、世の中はずいぶんと変わるはずです。

人がこの世に生まれるのは未熟だからであり、物質界であるこの世は、その未熟さを大いにあぶり出してくれます。「郷に入っては郷に従う」という言葉があるように、私はいたずらに物質や物質主義的価値観を否定することはしたくありません。

つまり「お金なんか汚い！」と全否定するのではなく、物質主義的価値観を踏まえたやり方で、正しい道を選ぶことが大切です。食に関して、経済のしくみから考えてみましょう。企業は消費者のニーズに敏感です。私たち消費者が添加物や農薬などについて学び、どうやって作られた商品かを知ったうえで、体にいい商品を積極的に選んで買うようになれば、企業も私たちに選ばれる商品を多く作るようになります。売れるからです。多く作られれば、価格は下がり、いっそう市場が広がる。そうやって世界のマーケットを大きく変える、正しい道があるということです。

自浄能力を理解した人たちが、自分で自分を育て、守っていく。親である人は子どもへとそれを受け継いでいく。この期に及んで目覚めた人たちから実践し、それを見た世間の人たちが「それは素晴らしい」と注目すれば、真似をする人も出てくるでしょう。

さてあなたは、まだ目覚めない人として小我の道を突き進み、無防備にストレスを受け続けますか？　それとも目覚めて実践し、たましいを癒しますか？

# 第2章 ストレスの正体

## 本当のストレスとは何か

### 《ストレスを言葉化できますか?》

ストレスという言葉はとてもあいまいです。「現代人のストレス」「ストレスフルな社会」などというフレーズをニュースなどで聞いても、具体的にイメージしないままわかった気になってしまう人が多いことでしょう。

あいまいなままでも受け入れてしまうのは、日本人独特の感性かもしれません。1万円、7千円、5千円のコースがあれば、誰もがとりあえず7千円のコースを選んでしまう。抜きんでても、下過ぎてもダメ。かといって確固たるポリシーはなく、なんとなく中間を選んでしまう感性です。おぼろ月夜や霞のぼんやりした美しさが好きな日本人の、おぼろ文化、霞文化とでも言うのでしょうか。

私がかつて行っていたカウンセリングでも、多くの方がストレスという言葉を使っていました。でもどういうストレスなのかを具体的に尋ねると、誰もが口ごもってしまうのです。ですから、ストレスという言葉自体が、私にとってストレスだったほどです。

きっとほとんどの人が、ストレスという言葉を免罪符に使っているのでしょう。もっと平たく言えば、逃げ口上としているのです。

「ストレスで……」と言えば、「あら、大変ね」と言ってもらえる。具体的なことを言わなくても、あうんの呼吸でお互いが妙に納得してしまうような感じです。

でも本当にストレスを抱えているならば、それでは何の解決にもなりません。

そこで最初に必要なのは、ストレスを言葉化するということです。

例えば「仕事がストレス」というだけではあいまいです。仕事の何がストレスなのか。通勤電車の混み具合か、通勤時間か、はたまた会社での人間関係か、仕事の内容そのものか。

何がどんなふうにストレスかというのを、具体的に言葉化するのです。言葉化してこそ初めて、ストレスと向き合えます。原因を見つめたり、対処法を探ったりすることができるのです。

## 《言葉化できる人は幸せになれる》

言霊《ことたま》と言うように、言葉にはその人のたましいが表れます。言葉はとても重要なのです。私自身、ふだんの会話でも「なぜ今、その言葉を使ったの？」と相手を追及してしまうほど、言葉の使い方には敏感です。

昔と比べて今の人たちはふだんからあいまいに言葉を使います。それはスマートフォンなどで短い言葉や絵文字を使って、気持ちを伝えることに慣れているせいもあるでしょう（相手に気持ちが伝わっているかどうかはさておきですが）。

すると長い文章で丁寧に説明するのは当然、面倒になります。そして伝えることを含めて何もかもが「めんどくさい」と感じるようになるのです。

だから「言わなくてもわかって」となり、手を伸ばして電気を点けることさえ面倒でＡＩにやってもらうようになる。これでは言葉も、体も、思考も、どんどん退化してしまうのではないかと心配です。

日本語は英語に比べると情緒的な感情を表す語彙が豊富です。そういう意味では繊細な言葉を選べるはずなのに、面倒くさがっているうちに言葉の使い方が下手になってしまったのかもしれません。

ストレスという言葉も、そんな面倒くさがりな人たちにピッタリときたのでしょう。

私は、幸せかどうかは自分の状況や気持ちをきちんと言葉化できるかどうかに大きく関わっていると思います。

「ストレスを言葉化できる人」イコール「幸せ」だとするならば、幸せになれる人は、自らを分析できる人のことです。

もし自らを分析できなければ、ストレスを具体的な苦しみとして列挙することもできません。どの苦しみをどうやって消去していけばいいのか、わからないままでは幸せにはなれないからです。

もしあなたが病院に行って、医者に「なんかダメなんです」とあいまいに訴えたとして、医者がどんな薬を出せるというのでしょう。「お腹が痛いんですか？　それとも頭が痛いんですか？」と医者が尋ねても、「わかんない。なんとなく不調」では治療のしようがありません。自分でどこが痛いのか、どんな不調があるのか、しっかりと分析して、わかるような言葉化をしなければ、いつまでも苦しみは取り除けないのです。

言葉化というのは何事に対しても大切です。嘘の時代と申し上げましたが、お金ひとつとっても「そもそもお金って何？　紙幣って何？」と具体的に言葉化すれば、仮想通貨のあいまいさも見えてくるはずです。世の中の嘘に巻き込まれず、自分を見失わずにいられるでしょう。

## 《「しっくり、なんとなく、○○な気がする」を封印》

「行けなくなったんで……」

そう言って突然、会社やアルバイトを辞めてしまう若い人がいるそうです。

理由を聞いても「なんか行けないんです」としか言わない。何が不満か尋ねても「別に不満ってわけじゃ……なんか違うと思って……」とはっきりしない。上司が考えられる理由をいろいろ並べてもピンとこないのか、最後は「しっくりこないんです」で終わる。

このような若者は、珍しくないといいます。自分で自分のことがわからない、自分のなかに何かがぼんやりとはあっても、それをはっきりと言葉化できないのです。だから曖昧模糊とした「しっくり」という表現になるのでしょう。

言葉化できる人は幸せになれると述べた通り、もし自分が社会と「しっくり」いかずに不幸だと思っているなら、それは言葉化できていないからです。

今日から、ぜひ言葉化の訓練をしてみてください。曖昧模糊とした言葉は一切禁止。「しっくり」も、「なんとなく」も、「○○な気がする」も、封印しましょう。

観念的、抽象的な言葉しか出てこない人の多くは、本を読んでいないのではないかと思います。言葉のインプットが足りないのです。

今の時代は、本を読む人と読まない人の二極化が進んでいるように感じます。

それは若い人に限りません。私はラジオでリスナーからの投稿を読むことがありますが、10代でもとてもきちんとした文章を書く人はいますし、逆に40代以降でも、何を言いたいのかわからない文章を書く人もいます。

言いたいことがしっかり伝わってくるような文章は、言葉の選び方が丁寧で、的確、全体がよくまとまっています。声に出して読んでもつかえることなく、リズムさえ感じられるようにスムーズに読み進められます。きっと本をたくさん読んで、言葉を知り、文章の流れを自然と身につけた人の文章なのだろうなとわかるのです。

ところが読んでいても内容がさっぱりわからない文章は、一文がやたらと長かったりしてリズムが取りにくく、声に出して読みながらつかえてしまうことも。話があちこちに飛ぶので、内容を把握するのに苦労するのです。

もっと本を読みましょう。本は語彙力《ごいりょく》を増やし、文章の流れやリズムを身につけ、自分をもっと言葉化できる力を養うことに、とても役立ちます。

## 《ストレスは悪か？——ストレスの分類》

ストレスを分析してみると、大きく「負荷」「わがまま」「害」の3つに分類できます。

まずマイナスとは言えないストレスがひとつあります。それは「負荷」のストレスです。多少の負荷がないと、人は成長しません。筋肉や脳だって、多少の負荷をかけてトレーニングするからこそ、鍛えられます。つまり「負荷」として、自分を成長させてくれるストレスはあるのです。

では、どのようなものが「負荷」と言えるのか。AIが搭載されたロボット犬のいる生活を例に考えます。ロボット犬をペット代わりに飼い、「散歩行くよ」と声を掛ける。「ワン！」と言ってついてくれれば楽しいかもしれません。散歩に行くのは自分の都合のいいときだけ。ロボット犬はそれでも不満を言わないからです。

しかしその生活に慣れてくると、次第に日常生活との温度差が生まれます。AIやロボットはこちらの都合に合わせて、なんでも思い通りに動いてくれるけれど、日常生活でつきあう生身の相手は思うように動いてくれない。そのストレスがもたらす温度差です。じゃあ生活のすべてをAIにしたら、ストレスのない世の中になるのでしょうか？　それでは人ともつきあえなくなり、社会はまったく成り立たないでしょう。

相手が思うように動いてくれないことは確かにストレスですが、よく考えてみてください。そのおかげで忍耐強くなったり、臨機応変さを身につけたり、あるいは、相手を思いやるやさしさや寛容さを持ったりすることも、できるのではないでしょうか。つまりこのストレスは、たましいを成長させてくれる、大切な「負荷」であると言えるのです。

では「わがまま」というストレスはどういうものか。第1章で述べたように、親になんでも面倒をみてもらっていた世代が急に親元を離れて「どうしたらいいの？」とストレスに思うケース。これはいわば「わがまま」のストレスです。本当ならば「負荷」としてとらえるべきところを、便利に慣れたがゆえに「わがまま」という悪い形で出てしまったとも言えます。

こんな例があります。就職もして年齢も重ねているのに親と同居している娘。仕事から帰ってきて、自分が観たいテレビドラマが録画されていなかったことに気づき、親に怒鳴るのです。「私がいつも観てるの、知ってるよね？　なんで録《と》っておいてくれなかったの！」と。また、「これ洗濯しておいてって言ったよね。明日着ていくのに、なんで洗ってないの？」と親に文句を言うことも。

なんでもしてくれるはずの親が、自分の望み通りに動いてくれないことへのストレスを爆発させているのですが、どう考えてもお門違い。自分がタイマー録画をセットしないことが悪いのですし、洗濯だって自分ですべきなのですから、このストレスは「わがまま」に他なりません。

さらに「ありのままの私をわかってよ」とわがままぶりを発揮するので、次第に自分のまわりから人が離れていくことになります。そして、わがままであることに気づけないと、いつまでも不幸なまま。「わがまま」のストレスは、自分で自分の首を絞めているようなものです。

もし親が望み通りに動いてくれないストレスを「わがまま」にせず、「負荷」ととらえれば、親から自立し、自分のことは自分でする自律へとつながるはず。大きく成長できるでしょう。

そして3つめにあるのが「害」となるストレス。これは命を脅《おびや》かすようなストレスのことです。例えば陰湿ないじめを苦にした自殺があるように、追い詰めるようなストレスは「害」であり、ひと言で言うなら悪いストレス。「害」のストレスからは、とにかく逃げなければいけません。

このようにストレスを正しく分類すれば、逃げるべき危険な「害」もあれば、たましいを成長させてくれる「負荷」もあるとわかるのです。

## 精神と肉体、2つの軸とストレスの関係

### 《2つの軸が揺らぐと憑依を呼ぶ》

負荷、わがまま、害というストレスの分類を述べましたが、たましいの視点でストレスを分析すると、実はその上にさらに大きな軸による分類があることに気づきます。

それは精神、肉体という2つの軸です。第1章で、メンタルなストレスとフィジカルなストレスがあると申し上げたのは、この2つの軸に基づく分類です。

たいていの人が言うストレスとは、きっとメンタルなストレスであり、どうしたら精神を癒せるかと考えるでしょう。しかし肉体が受けるフィジカルなストレスを抜きに、ストレスの本質に迫ることはできないのです。

なぜ私が、ここまでフィジカルなことを申し上げているか、疑問に思うかもしれません。「江原さんはスピリチュアリストなのだから、メンタルなことがメインのはずでしょう？」と。

しかし多くの悩みも、そしてストレスも、メンタルとフィジカルの両方の視点がなければ解決しません。なぜなら肉体と精神はつながっていて、肉体の不調が精神の足を引っ張るようなことがあるからです。

かつての個人カウンセリングでも、そのような例は少なくありませんでした。なかでも印象に残る事例をここで紹介したいと思います。

仕事や恋愛について相談に来ていた女性がいました。彼女は素敵な男性と出会い、婚約。ところが婦人科系の病気が見つかり、ホルモン治療を始めました。それからほどなくしてやってきた彼女は「結婚を取りやめた」と言うのです。「いいと思っていた婚約者のことが嫌になった」と。

あまりにも突然の変化に驚くと同時に、私はホルモン治療の影響ではないかと思いました。そこで「治療が終わるまで婚約破棄は待ったら？」「その決断で後悔しないの？」と何度も言いましたが、彼女は頑《かたく》なです。聡明で明るかった女性が、「もう、わからない。今の状態が耐えられない」と人格まで変わったかのようでした。

例えば、妊娠中に食べ物の好みがガラリと変わったりする人がいます。また、それまで人生を楽しんだり、努力家だった人が、更年期に入って急にやる気をなくして怠惰になったりすることも珍しくありません。

性ホルモンに限らず、甲状腺ホルモンの病気で人格が変わったようになる例を、私はこれまで何人も知っています。ホルモンバランスというのはこれほど影響があるのか、と驚いたほどです。婚約破棄した女性も、同じだったのです。

多くの方は、私のところへ相談に来るのだから、人格が変わるのは憑依などが原因ではないかと思うかもしれません。確かに憑依も原因のひとつではありますが、それは二次的なものです。

どういうことかというと、憑依とは自分がネガティブになることでネガティブな霊を引き寄せてしまうこと。きっかけが病気や治療だとしても、元たる自分がネガティブになったからです。

私はよく「憑《つ》く霊が悪いのではない。憑かれる自分が悪い」と申し上げていますが、自分が変わらなければ、いくら霊を祓《はら》っても、また同じような霊が憑くだけです。見方を変えれば、霊が憑くような器を自ら作っているのです。病気や治療などによって人格が変わったようにネガティブになる。そんな自分を客観視できないまま、負のスパイラルに落ち込んでいけば、ますます憑依を呼びやすくなります。そうやって自分を見失っていくのです。精神と肉体、メンタルとフィジカルの両方を整えなければ、スピリチュアルな問題も解決はしません。

ホルモンに限らず、肉体の病気によって心まで病む場合もあります。現世で生きている私たちは、肉体のコンディションがたましいに影響を与えるという視点を、忘れてはならないのです。「あなたは本当のあなたですか?」「あなたのその考え方は、体に引っ張られていませんか?」という問いかけは、2つの軸を考えれば当然の問いかけと言えるでしょう。

## 《肉体は車、たましいは運転手》

私はよく、肉体を車、たましいを運転手とたとえています。

実生活でも、どんな車に乗っているかで、運転手の運転の仕方も変わってしまうことはないでしょうか。運転手は同じなのに、車の特性で運転が変わってしまうというようなことです。

ということは、本当の自分を知るには、いちばん自分が動かしやすい車を自分で造るしかありません。メンテナンスも含め、自由に動かせる車にしてこそ、本当のたましいの姿も見えてくるのではないでしょうか。

私たちは物質界で、自分のたましいの未熟さを見つめ、成長するために生きています。本当のたましいの姿を見つめるには、そのための車が必要なのです。

全員ではないにせよ、病気になって卑屈になってしまう人はいます。肉体によって精神が引っ張られた状態と言えるでしょう。でもそんな人が、自分の病を受け入れ、乗り越えると、病気があったとしても前向きに生きていけたりします。「病気に感謝ですよ！」と明るく言う人もたくさんいます。きっと上手に車を乗りこなせるようになったのでしょう。もしくは、今まで車の馬力だけで強引に運転してきたのが、病気でペースダウンしたことで力が抜け、たましいの本質に気づいたのかもしれません。

病にも学びがあることは私のこれまでの著書でも語っているので、ご存知の方も多いでしょう。たましいの視点から見れば、病には3つの意味があります。

ひとつは肉の病。過労や不摂生などフィジカルな問題からくる病です。

ひとつは思い癖の病。心配性な人が胃腸を悪くするなどメンタルからくる病です。

そしてもうひとつが宿命の病。寿命に関わる病も含め、先天的な病など自分が決めたカリキュラムとしての病です。

そしてこれら3つはすべて関連があります。過労や不摂生をしてしまうのだって、根底には思い癖があるから生活習慣を改められないのであり、それを続けていると寿命を縮めてしまうことだってあり得ます。

もちろん今、病気療養中という方もいらっしゃるでしょう。それを単純に「健康になりなさい」と言っているわけではありません。病の意味やたましいと肉体の関係を理解したうえで、病があっても自分という器を整える努力をしなければ、本当の自分も見えてこないということ。精神面だけ、肉体面だけ、単独で見つめていても病の本質は見えません。

同様に、スピリチュアルな側からだけ見ていても、たましいの本質は見えません。私はスピリチュアルな部分を究めるほど、現世側の視点、とりわけフィジカルな部分を切り離すことはできないと実感しています。

ものごとの本質を見極めるうえで、スピリチュアルとフィジカル、両方の視点をバランス良く併せ持つことがとても重要です。その視点を持つと、フィジカルに影響を与えるストレスが、今、とても増えていることに気づくのです。

## 環境の変化とストレスの増加

### 《急速な変化がストレスを生んだ》

私が子どもの頃の記憶には、光化学スモッグで霞む空や工場排水で汚れた川、食べると舌が真っ青になるような添加物の入ったお菓子などがあります。何も知らなかったとはいえ、そんな場所に住み、面白がって舌を真っ青にしていたのですから、肉体はかなりのストレスを受けていたと想像できます。

もちろん現在でも、フィジカルなストレスは増加中です。

PM2・5は他国からも気流に乗って流れてきますし、ダイオキシンや環境ホルモンの問題もあります。海洋汚染が元で重金属やマイクロプラスチックを蓄えた魚を、知らず知らずのうちに食べていることも。

遺伝子組み換え食品、多量の農薬を使った野菜、薬剤投与で飼育された家畜、食品添加物の数々。ゲノム編集された食品が出回るのも時間の問題です。

建材に含まれる接着剤などの化学物質が空気中に拡散したり、パソコンやスマートフォンの画面から発するブルーライトや、電子機器による電磁波の影響も懸念されます。

環境破壊ひとつとっても単純ではありません。ファストファッションが流行していますが、大量生産、大量廃棄による大気汚染、水質汚染もあります。

ペットボトルがリサイクルされていると思っていたのに、そのしくみが正しく機能せず、一部は海外に送られてゴミになっていることも発覚しました。プラスチックの海洋汚染も世界中で問題になっています。

また地球温暖化の原因となるガスの一部は、畜産に由来していると言われています。家畜の飼料を生産するためには、土地を切り拓いて大規模な農地を造らねばなりません。それに伴う環境破壊もあるでしょう。開発途上国と先進国の関係や、経済問題などを含めれば、複雑極まりない状況です。

すべてがあまりに複雑すぎて、昔のように大気汚染問題で車の排気ガスだけを悪者にしていた時代が懐かしいくらいです。

これらはほんの一例に過ぎず、枚挙にいとまがありません。それらがすべてフィジカルなストレスにつながってくると考えたら、ひと言で「もう何もするな！」と言いたくなるほどです。

身の回りの生活を振り返っても、これほどまでに世の中が急速に変化した時代も珍しいのではないでしょうか。

黒電話の時代から、コードレス電話、ポケベルが登場し、あっという間に携帯電話を個人で持つようになりました。新しい物がどんどん登場し、パソコンだ、スマートフォンだと、生活に入り込んできます。

薬なら何年もかけて臨床実験をしてから世に出るのに、そうしたものが人体や精神にどんな影響をもたらすのか、よくわからないまま急速に広まってしまいました。

ある科学者が「電子機器の電磁波は脳に影響がある」と言えば、別の科学者は「問題ない」と言う。何を信じていいかもわかりません。

もはやカオスと言ってもいい状態。留まるどころか、物質主義的価値観によって加速し続けるのが、今の世の中なのです。これほどの変化にたましいがついていけないとストレスを感じるのも、当たり前ではないでしょうか。

## 《だからあなたは何度も生まれ変わる》

私は人間にとってのもっとも重い罪は、考えないことだと思います。原発も、環境問題も、ストレスだと思いながらも、どうにかしようと考えないのはなぜでしょうか？

「二人に一人ががんになる時代」というフレーズをよく聞くでしょう。でもそこで「なぜ？」と考える人は少ないように思います。

確かに統計上はそうなのでしょう。でも「私、がんになっちゃったの」と言ったとき、「ああ、今は二人に一人はがんになるからね」と返されて納得できますか？

それではまるで掃除当番が回ってくるみたいに、「あなたと私で二人。あなたががんになる番。とうとう来ちゃったね」と言われているようで、あまりにひどいではありませんか。

それ以上考えないことは、受け入れ上手と言えるのかもしれませんが、ちょっといじわるな言い方をすれば、主体性がなく、現実を見ようとしていないのではないかと思います。

講演会で私が、先の原発事故で放射能汚染が広い地域にわたったことを話すと、客席はしーんと静かになります。「この地域の、この食品からもセシウムが検出されていますよ」と、根拠となる大学の調査結果や論文などがあることを含め話しますが、驚く声さえ上がりません。

そこで「知っていた人は？」と挙手を求めるとパラパラと手が挙がり、「知らなかった人は？」と尋ねると、これまたパラパラと手が挙がる程度。どっちにも手が挙がらない人がほとんどです。

つまり「そんなことは聞きたくなかった」という反応なのです。

現実を見ようとしない、向き合おうとしないままの受け入れは、ただの鵜呑《うの》みに過ぎません。「なぜ？」「どうして？」と疑問を持ち、考え、本当に理解したうえでの受け入れでなければ、次の新たな一歩は踏み出せないのです。

私が考えることが重要だと申し上げるのは、たましいの視点からです。

「知りたくなかった」「考えたくもない」と現実を見ずにいても、今の人生を生きてはいけるでしょう。

でもそこで考え、学ばなければ、私たちはこの世でやるべきだった課題をやり残したことになります。

あの世に帰ったとき、「なぜもっと学ばなかったのか」と悔やみ、その宿題をやり遂げるまで生まれ変わってきます。現実を知り、受け止め、考えて理解したうえでこの世を去るのと、「知りたくない」と先送りするのとでは、大きな違いがあるのです。

## 《「なぜ？」を取り戻す》

私は自分のことを『なぜなぜ星人』と呼んでいます。

「最近は、若くてがんになる人も多いけど、なぜ？」「なぜこの添加物はアメリカで禁止なのに、日本では禁止じゃないの？」「キレる人が増えているのはなぜ？」と疑問を持ち、納得するまで追究していくからです。

もしあなたに「そこまで考えていなかった」という自覚があるならば、今日から『なぜなぜ星人』になってください。いろいろなことに興味や疑問を持ち、テレビや新聞で流れるニュースも鵜呑みにせず、「どうして？」「なぜ？」と考え、調べる、研究するということをしてみましょう。

今はこんなに文明の利器があふれて、子どもまでインターネットで調べ物をする時代です。本もインターネットも利用して、とことん「なぜ？」を追究しましょう。私が「こんなに汚染が広がったんですよ」と言ったとしても鵜呑みにせず、「本当かな？」「どうして広がったんだろう？」と自分で調べていただきたいのです。

お子さんがいらっしゃるなら、ぜひ小さいときから「なぜ？」と考える習慣をつけさせるべきです。

親は子どもに「これってなぜなの？」と聞かれると、つい面倒になってうやむやに返事をしがちです。「うるさいわね」「そういうもんなの」「お母さん、今、ご飯作っているでしょ」などとごまかして終わりでは、子どもの「なぜ？」を訓練するチャンスが失われてしまいます。「いいところに気がついたね。自分で研究してごらん」と、自分で調べるよう促してあげてください。

自分で苦労して調べたものは、身につきます。知識を暗記するだけでは、考えるという発想にはつながりません。考えて、知識を生きる知恵に変える訓練をしましょう。

## 《考えなくなった真の理由》

人が考えなくなった理由はいくつかあるでしょう。

国も政治家も信用できないから、「何をしても無駄」と考えることをあきらめるムードに流されているのかもしれません。あるいは物質主義的価値観にどっぷりと浸かって、目の前の悦楽だけでいいと思っているのかも。

しかしここでもうひとつ可能性があるのは、食べ物や環境というフィジカルなストレスの影響はないか、ということなのです。

肉体のコンディションがベストではないから、考える気力さえなくしている可能性はありませんか？

本当ならもっと考えるはずなのに、何もかも面倒くさくなって、人生がどうでもよくなっている。その原因が添加物まみれの食事や、化学物質を含んだ大気という、フィジカルなストレスではないと、言い切れるでしょうか？

こんな話があります。著名なピアニストが、自分は天才だと思うくらいの素晴らしい演奏をした。ところがあとで、あの恍惚とした演奏は薬剤の影響ではないかと気づいたそうです。

実は演奏会場は完成したばかりで、建材に含まれた薬品が会場の空気中を漂っており、それを吸ったがために天才だと思うような恍惚とした気分になったのだとか。

よく新築住宅で建材に含まれている化学薬品などがもとで、体調を崩す人がいますが、それと同じようなことかもしれません。

肉体と精神はつながっています。これほどのストレスが世の中にあるのですし、このピアニストのように、いい演奏という形で影響するとは限りません。

なかでも日々の食事は、心身に多大な影響を与えます。食べ物の影響で怒りっぽくなったり、だるくなって集中力を欠いたりすることもあるのです。どこまでが本当の自分の意識なのか、その意識は何の影響によるものか。ストレスとの関係はどうか。それらをじっくりと見つめる必要があるでしょう。今こそあなたのたましいの心眼で、真の理由を見出してください。

# 第3章 ストレスと向き合う

## ストレスと向き合うたましいの心得

### 《不幸の三原則とパワーバランス》

ここからは具体的にさまざまなストレスを取りあげながら、どう向き合ったらいいのか、そのポイントを探っていきたいと思います。

まずたましいの心得として前提となることをお話ししておきます。それは不幸になる三原則と、パワーバランスについてです。

不幸になる三原則は、自己憐憫、責任転嫁、依存心だと、既に述べました。「なぜ私がこんな目に遭うの」という自己憐憫。それは「誰かのせい」「何かのせい」という責任転嫁。だから「誰かなんとかして私を助けて」という依存心。多くの人がこの3つの狭間《はざま》で右往左往し、不幸になるのです。「どうせ私なんか」と思うのも自己憐憫ですし、「国が悪い」「こんな世の中のせい」は責任転嫁、「神様お願いします」と丸投げするのも依存心です。

そしてパワーバランスは、言い換えれば正負の法則。自由という正が欲しいなら、努力という負はしなければならないというように、何ごとにもパワーバランスが必要なのです。

ストレスを感じる多くは自己憐憫によるもの。「どうしてこんな目に遭うの」と思えばストレスでしょう。でも責任転嫁したまま、自らで改善の努力をせずに、誰かが援助の手を差し伸べてくれるのを待っていても何も変わりません。それでストレスなく心地よい状態になろうというのは、パワーバランスを理解していないと言えます。

これらのことをよく理解したうえで、いよいよさまざまなストレスを分析していきたいと思います。

## 仕事というストレス

### 《仕事のストレスはわがままか》

仕事にストレスはつきものです。

しかし「仕事がストレスなんです」ではあまりに曖昧模糊。第2章で述べたように、必要なのは具体的な言葉化です。

例えば「通勤が大変」、なかでも「混雑した通勤電車が耐えられない。たくさんの人に押しつぶされそうでパニックになってしまう」と分析できたとしましょう。

このストレスをなくすには、まず電車に乗らない通勤をすればいいとわかります。ということは会社のそばに引っ越す。もしくは自宅近くの職場に変える。いずれかです。

そこで「なんで私が引っ越したり、職場を変わったりしなきゃいけないの？」と思うのは自己憐憫。自分が変わるという努力をしなければ、ストレスがないという正は得られません。

もしも「混雑した電車が悪い」「会社がそんなところにあるのが悪い」と思うなら責任転嫁ですし、「混雑しないよう電車の本数を増やしてほしい」「会社が家のそばに移転すればいいのに」というのは依存心です。

こうやって言葉化を重ねると、自分のわがままに気づきます。そう、このストレスは「わがまま」のストレスなのです。

現実を見て、「できることはできる、できないことはできない」と腹をくくれば、優先順位がつけやすくなります。

引っ越すのも、職場を移るのも無理となれば、他の方法を探るしかありません。例えば電車が混雑しない時間帯を選び、もっと早朝に家を出るなど時差通勤をする。早起きという努力をし、ストレスをなくすのです。

早く着いたら、会社のそばでコーヒーでも飲んでゆっくりしてもいいでしょう。その時間で資格試験の勉強をすることもできます。会社によっては早く仕事を始めて、早く帰るというフレックスタイムができるかもしれません。

人より早く家を出るというのは負かもしれませんが、それでコーヒーを飲んだり、勉強したりする時間ができるのは正ですし、通勤電車の苦痛というストレスもなくせます。パワーバランスを理解していれば、工夫の余地はいくらでもあるのです。実践すれば、時間を上手に使えるようになった自分に気づくでしょう。「わがまま」で終わらせるのではなく、自らが考え、動くことで、たましいが成長するための「負荷」にできるのです。

## 《誤った平等意識》

「私だけ、なんで生活を変えなきゃいけないの？」という自己憐憫があると、人に対して「ずるい」と言いたくなるでしょう。

今の時代はみんなが同じでないとすぐに「ずるい」と声を上げがちですが、仕方のないことは受け入れるという感覚は大切です。

最近の運動会では、徒競走でみんなが手をつないで一緒にゴールをするという方式があるそうです。しかし、順位をつけると傷つく子がいるからと画一化するのは、いかがなものでしょうか。足の速い人、遅い人、体力のある人、ない人、いろいろいるのが世の中です。私が子どもの頃にも、勉強は苦手でも足だけは速くて、運動会ではスターになる子がいました。だからみんなで「頼んだぞ！」と、その子を応援したものです。

自分の得意なことで人からも頼られ、活躍できる場があるというのは、どれほどうれしいことでしょう。

「あなたがたは地の塩である」というイエス・キリストの言葉がありますが、ここで言う塩は個性や才能だと私は解釈しています。どんな人にも必ず塩のような味わいがあるという意味ではないでしょうか。

それぞれが持つ味わいを見出す教育が大事なはずなのに、手をつないでゴールするというような画一化は、あまりに滑稽です。

それが誤った平等という考え方を生んでいるような気がしてなりません。

## 《執着や意地が不幸を招く》

自分のストレスを突き詰めて考えた末、「もう都会では仕事はできない。会社を辞めて、田舎に引っ越そう」という決断に踏み切ったとします。会社を辞める、田舎に引っ越すという負を受け入れ、新たな仕事や生活を始める努力もした。その結果、「住めば都でした」「今は充実していますから、あの決断はよかったんだと思います」となるケースも多いのです。

そのときに不満と思っても負荷だと前向きにとらえ、きちんと分析して乗り越えれば、その負荷は必ず肥やしになります。肥やしにするかしないか、すべては自分次第です。

しかし「わがまま」のまま、人生の迷路に入り込んでしまうケースもある。その原因は執着や意地です。

都会に対する執着や、都会にいてこそ花形などという自分なりの意地があるから「絶対、都会がいい」「なんで私が田舎に引っ越さなきゃいけないの？」と思うのです。

その執着や意地も、よく分析をし、言葉化してみてください。

「必死になって就活し、ようやく入った念願の会社だから辞めたくない」

「都会の会社のほうがお給料がいい」

「家を買ってしまったから引っ越せない」

必ず、何かしら固執するポイントがあるはずです。

自分はそんなに執着はないと思っているかもしれませんが、誰もが何かしらはあります。

こんな例で考えてみてください。

「いつも行っていたカフェが閉店していて、それだけで1日が台無しになったような気分」というようなケース。あなたにもあるのでは？　これも執着です。

閉店したカフェに執着するあまり、気持ちを切り替えられず、ちょっと周辺を歩けば別のおしゃれなカフェがあったのに、それを見つけるチャンスを失っていたとしたらもったいないでしょう。

臨機応変さと取捨選択ができない人は、人生で圧倒的に損をしていると、私は思います。言い換えれば不幸を作っているのです。

「これがなければ、こっちがあるさ」と臨機応変に生きる人は、常に幸せです。ストレスさえも「渡りに船」「いい機会」とばかりに方向転換します。

「頑張って入った会社だけど、こんなに疲れてしまったし……。ちょうどいい機会だから、田舎に行っちゃうか！」

「ちょっとばかしの退職金でももらって、これを元手に何か始めよう」

「持ち家は賃貸に出して、自分はもっと住みやすいところに引っ越そう」

執着や意地を捨て、そんなふうに考えられる人は選択肢も多く、いわばチャレンジを楽しむ人生の冒険家です。ストレスを作りにくく、幸せになれる人でしょう。

## 《「害」のストレスからは逃げる――過労自殺しないために》

近年、仕事の過労で自殺にまで追い込まれるという残念な事例が増えています。働き過ぎているのに、休むことができないストレスで自殺にまで追い込まれてしまう。これは命を脅かす「害」というストレスの、典型例と言えるでしょう。

害のストレスは、「命を守るためにとにかく逃げる」という選択をしなければなりません。仕事や会社が問題なら、仕事を辞める、会社を辞めるという選択です。

きっとこのようなニュースを聞くと、多くの人が「死ぬくらいなら辞めればいいのに」と思うはずです。ではなぜそれができないかと言えば、やはり執着があるのです。

家族を心配させたくない執着。あるいはそれまで努力してきた自分への執着もあるかもしれません。

とくにそれまで自分が努力して、成し遂げてきたという経験がある人は、なんでも「為せば為る」という努力で乗り越えようとします。その姿勢は否定しませんが、ときには「押してダメなら、引いてみる」という視点も持って欲しいのです。努力で成し遂げてきた人ならば、きっと別の道へ進んでも大丈夫なはずだからです。

渦中にいる人は「そんな無責任なことを言うな」と言いたくなるでしょうが、別の人生という視点もあるということは、心に留め置いていただきたいと思います。

そしてもうひとつ、「したたかに演じる」ということも覚えておいてください。

どういうことかというと、「過労で倒れた」「寝込んだ」と宣言したり、みんなの前で「もうできない！」と大声で言ってしまうのです。パワハラが糾弾されるこのご時世なのですから、そこまですれば会社側も休息を受け入れざるを得ないはずです。

表裏のないことがいいことだと思われがちですが、人生には演技が必要です。変な人と思われてもいいではありませんか。ちょっとぐらい大げさに演じて、したたかに自分を守りましょう。

## 《実直さから解放されよう》

多くの日本人がいいと思う言葉のひとつに「実直」があります。実直な人というと素朴で正直者だというイメージがあるせいか、褒め言葉として使われがちです。

しかし私は、この言葉を良しとは思っていません。実直な人というと、たわみやしなやかさ、余裕のない人のように思えるのです。建物にたとえるなら、強い力がかかるとポキッと折れてしまう耐震性のないビルのようです。

実直な人が仕事のストレスを抱え、先で述べたようなかわし方ができず、結局体を壊してしまうケースは少なくありません。実直という言葉を、自分の生き方、誇りとして執着してしまう人もいます。生き方を貫くというのもまた日本人の美徳とされますが、実は視野が狭いとも言えるのです。

実直やまじめという言葉に、確たる定義はありません。実直イコール良いこと、と誰が決めたのでしょうか。そのあやふやなものに自分が囚われていないかと気づき、そこから自分を解放することが大切です。

## 《目の前のライオンから逃げろ》

同じように過酷な仕事のストレスに直面して、逃げる人もいます。逃げない人との違いは何かと言えば、広い視野を持っていることでしょう。

それまでの経験もあるでしょうが、いかに臨機応変に取捨選択し、自分を解放できるか。物質主義的価値観の執着をなくせるか。自分の立ち位置を客観的に見定めることができるか。これはとても重要なことなのです。

自分は固定概念にがんじがらめになっていないか。自分次第でいくらでも現状は変えられるんだ。その意識を忘れずに、逃げるべきときは逃げたほうがいい。それを逃げずにまともに立ち向かうのが実直だ、勇気だと言っても、太刀打《たちう》ちはできません。

高学歴で、誰もが知っているような有名企業に入り、家族や親戚中から「よかったね」と言われた。順調に出世もし、家も買えて、車も持った。そこでふと仕事に行き詰まったとき、大きな流れから外れて、どうやって方向転換するか。

逃げることを負けと感じる人もいるようですが、それも執着です。勝ち負けに執着することほど、哀しいものはありません。

話は違いますが、よく高齢者が真夏にエアコンを使わず、室内で熱中症になってしまうことがあります。暑さを感じる感覚が、加齢によって鈍ることが原因と言われます。

それと似て、危険が迫っているのに、目の前の飢えたライオンからとっさに逃げることをしないのは、その危険性にすら気づけていないからかもしれません。

その危険性に気づくために、2つのことを今からでも実践してください。

ひとつは「コミュニティを持つ」、もうひとつは「聴く耳を持つ」ということです。

会社でいつもランチを一緒にする同僚、休憩の立ち話でグチを言う友だち。そんなコミュニティがあれば、あまりに仕事が過酷な状態のとき、きっとこんなことを言ってくれるはずです。

「このごろすごく疲れて見えるよ。そんなに残業、残業って、ちょっとおかしくない？」

「パワハラだよ、それ」

「総務とか、人事とかに、相談したほうがいいよ」

そこでちゃんと聴く耳を持ってください。「大丈夫、大丈夫」などと受け流したりせず、自分の立ち位置を見直すことです。

あなたの目の前にライオンが迫っていることを、気づかせてくれるメッセージが必ずあります。それは偶然ではなく、あなたへの必然のメッセージなのです。しっかりと受け止め、害のストレスから逃げましょう。

## 《負荷か、害かを見極める》

「負荷」のストレスと、「害」のストレスはつながっている部分があります。

筋力トレーニングにたとえましょう。筋肉を鍛えるには負荷を掛けてトレーニングしますが、初めてジムに行っていきなり２００kgのバーベルを上げたりはしないでしょう。無理に上げれば膝や腰を痛める可能性大。つまりこれは負荷ではなく害です。

これまでも痛みはあったが、それは筋肉痛という痛みで、負荷に合ったトレーニングのせい。けれども今日の痛みはどうやらいつもと違う。ケガのようだ。それがわかるのは自分ですし、その違いはふだんから自分で見極めておかねばなりません。

ストレスについても、負荷か害かを自分で見極める必要があるのです。

また、「わがまま」のストレスと「害」のストレスは同じように執着が根本にありますが、「害」のストレスにある執着のほうが、根が深いかもしれません。しかしその根深い執着から解放されると、幸せを感じるはずです。「これでよかったんだ」という肯定が、必ずあります。例えば、夫のＤＶ（家庭内暴力）は明らかに「害」。なのに「私でないと、夫はダメなんです。だから別れるわけにはいかないんです」と執着する妻がいるのも事実。だからこそ「その考えは違うよ。別れたほうがいいよ」と言ってくれる友だち（コミュニティ）は大切です。そしてその意見を聴く耳も。執着を解き放ち、害から逃げると、「これでよかった」ときっと思うでしょう。

ストレスの見極めには、視野を広げて、自分を客観的に見られるかどうかが、やはり重要と言えます。

## 《「逃げ」はダメなのか》

確かに塩梅《あんばい》や見極めというのは難しいかもしれません。

私は講演会などで、「逃げか、卒業か」という質問を受けることがあります。私がたましいの視点から「苦難に対して逃げで臨んだか、卒業できたかを見極めましょう」と申し上げているからでしょう。「離婚は逃げでしょうか、卒業でしょうか」などという質問が出るのです。

もちろん大きな概念では、わがままな小我で逃げるよりも、乗り越え、成就という卒業を目指すことが大切。しかし同じ離婚という形でも、ある人にとっては逃げとなるでしょうし、ある人には卒業となることもある。一人ひとり、塩梅が違うのです。

何をもってして逃げなのか、卒業なのか、背景や動機も含め自分で内観し、分析することが大切です。

ということは、単純に「逃げてはダメなんですよね」という言い方はできないはずです。「害のストレスから逃げる」というと、「それは『逃げ』だからダメなのでは？　乗り越える努力が必要ですよね」と思うかもしれませんが、「逃げる」の解釈が違うのです。「逃げるが勝ち」という場面も当然あるわけで、やはり目の前にライオンがきたら、襲われる前に緊急避難することは必要です。

その塩梅をしっかりと自分で考えなければなりません。やはり考える力が重要なのです。

## ひきこもり

### 《ひきこもりは不幸な形だと自覚する》

ひきこもりは大きな社会問題となっていますが、本人も、また周囲の家族にとっても大きなストレスがあることでしょう。

最初に申し上げたいのは、ひきこもりは決して幸せな形ではないということです。なかには

「そういう時期があってもいい」と、ひきこもりを正当化する人もいます。たとえそういう時期があったとしても、それを幸せな時間のように美化するのは違うのではないでしょうか。

正当化してしまったら、誰だってひきこもりたくなります。なぜなら、こんなにたくさんのストレスが世の中に蔓延しているのですから。

ひきこもりを『繭《まゆ》ごもり』と称して、「無理に引っ張り出すと中の幼虫が死んでしまう。だから成虫になるまでの必要な時間と思って、そっとしておいてほしい」という人もいます。正確な意図はわかりませんが、もし「ひきこもりイコール繭ごもりで幸せ」と言っているならば、私は賛成できません。

結果論としてあとから「あれは繭ごもりみたいなものだったかもね」「あれは自分にとって貴重な時間だった」と回顧することはあると思います。でも、ひきこもっているときに『繭ごもり』と名称をつけてしまったら、自己憐憫の免罪符になってしまいます。

行き詰まっているんだ。ひきこもりは不幸な形だ。その自覚が本人と周囲にないと、ひきこもりを脱して、たましいを輝かせる生き方に変えようという流れにはならないでしょう。

## 《現在進行形でひきこもりに取り組む》

ひきこもりには2種類あるのではないでしょうか。それは「取り組んでいるひきこもり」か、

「放置されたひきこもり」かです。

前者の取り組んでいるひきこもりというのは、ひきこもりが始まった直後から周囲と本人の取り組みが、なんらかの形で続いているひきこもりです。

例えば学校に行きたくないとひきこもる子ども。その子に対し、「さぁ、どうする？」「別の学校に行く？　フリースクールにする？　それとも自宅学習にする？」「フリースクールなら、どこに行く？」「自宅学習でもきちんと規則正しく生活するんだよ」などと周囲が働きかけ、本人も何かしら現在進行形で取り組んでいるなら、取り組んでいるひきこもりです。

学校に行かないことと、ひきこもりは厳密にはイコールではありません。学校に行かなくても、ちゃんと朝起きて、ご飯を食べ、やるべきことをやる。規則正しい生活はしなくてはいけません。ゲームなどをしてダラダラ過ごすのではなく、時間割を作り、放送大学でもなんでも利用して、勉強をすることです。

もちろん今の学校が合わずに行きたくないというのなら、まずは転校という選択肢もあります。どういう形であれ、留まらないこと。親も常に現在進行形で働きかけ、本人に考えさせながら、いい形を早く探すことが大事です。

こうした働きかけは「ただひきこもっていたら幸せじゃないよ」と伝えていることになりますし、本人も行き詰まった気持ちに対する打開策を自ら探れます。

社会人の場合でも同じです。会社に行かないことと、ひきこもりはイコールではありません。会社に行きたくないストレスは何かという、言葉化に立ち返ってください。

会社を休んでいるときでも、現在進行形でできることがあるはずです。

「取り組んでいるひきこもり」は、形としてはひきこもっているかもしれませんが、中身としてはひきこもりとは言えないでしょう。

## 《ひきこもりが始まった直後が肝心》

もうひとつのひきこもりは「放置されたひきこもり」です。

これは前述の現在進行形の働きかけがないまま、放置された結果、時間が経ってしまったひきこもり。こうなるとなかなか表に出ることは難しくなります。ですから、ひきこもりが始まった直後の、働きかけが肝心なのです。

親が「しばらくそっとしておこう」と腫《は》れ物《もの》に触るようにするのは、子どものためでもなんでもなく、怠惰なだけ。「どうするの?」と言ったり、「ほら、朝はちゃんと起きなさい」と監督するのは大変ですし、子どもが部屋でおとなしくゲームでもしていたら親はラクでしょう。

でもダラダラとした生活に留まってしまえば、気づいた時には何年もひきこもっていたということになりかねません。それは子どものためにならないのです。

長年、放置されてしまうことの大きな原因は、親の物質主義的価値観でしょう。「外に出て迷惑をかけるんじゃないか」と、まるでくさい物に蓋《ふた》をするようにひきこもりを容認するのは、世間体を気にする物質主義的価値観です。

そもそも長期間にわたって放置され、ひきこもれるのは、ひきこもれる個室があるということ。部屋にはパソコンがあり、親が子どもの顔色を見てご飯を運び、洗濯もしてあげる。これらはすべて、物質主義的価値観による親の過保護です。

社会問題となっている高齢の親と中年の子どものひきこもりは、共依存《きょういぞん》も含め、こうした親と子の負の連鎖が背景にあると私は分析しています。

## 《ひきこもる土壌がなければひきこもれない》

ひきこもりのきっかけはいろいろです。しかし仮にいじめがあったとして、いじめられた子の全員がひきこもるわけではありません。ひきこもれる環境があり、親が容認するという土壌がなければ、ひきこもりにはならないのです。

例えば、「学校に行きたくない」と子どもが言ったとき、「じゃ、休んじゃいな！　行かなくていいからさ、父ちゃんの店、手伝ってやってよ」とか、「じゃ、転校する？　どこの学校行くか、明日までに決めといて！」と明るく言うお母さんだったら、子どもはひきこもれないでしょう。

子どもに行き詰まった気持ちがあったとしても、「なんとかなるんじゃないかな」と思えるはずです。

ですから親の性格や、経済的状況、さまざまな条件が調って、負のフィールドができあがったところで、親子ともども負のスパイラルに陥って初めて、ひきこもりが成立すると言えます。明るい親で、経済的に余裕もなく、ひきこもれる部屋もなければ、ひきこもりたくてもできないでしょう。

## 《とにかく食べることを考える》

学校に行きたくないとひきこもった場合、親は子どもに新しい視点を与えてあげてほしいと思います。

「学校に行かなくてもいいんだよ。食べていければいいんだから。それでまた勉強したくなったらすればいい」と。

勉強は何歳になってからでもできます。戦時中にできなかった小学校の勉強を、今になってしているという人もいますし、40歳を過ぎて、大学に行く人もいます。少子化が進んで、大学も生涯学習と称し中高年の学生をどんどん受け入れています。今ではそうした学び直しの世代が、大学経営を支えている面もあるそうです。いろいろな意味で、勉強は一生涯にわたってできるものなのです。

今は勉強しないというならば、食べていくことを考えましょう。生きることは食べること、食べることは生きることなのですから。

現世において、食べるために必要なのは働くことです。

職業に貴賤はありません。何をしてもいいのです。アルバイトでもフリーターでもいい。大事なのは常に現在進行形でいること。

働き始めた子どもが「この仕事じゃ、将来が不安」と言ってきたら、「そう。じゃあ、やっぱり学校に行ってみる？　夜学や通信教育もあるよ。それとも何か資格を取ってみる？　どういうことが将来の安心につながる道か、考えてみよう」と、また違う視点を示してあげましょう。

大事なのは性急に結果を求めないことです。すべての物質主義的価値観を取り払い、それぞれのペースで一生のなかで時間をかけていい、ということを忘れないでください。

### 《さまざまな視点と選択肢》

いまだに「とにかく学校に行くことが大事だ」と思う親はいるようです。

昭和の時代にあったように、引きずってでも行かせるということはないかもしれませんが、なだめすかしながら「行っときゃいいんだから」と言い聞かせるようなこともあるとか。

まったくもってアカデミックではなく、くさい物に蓋をするという親の物質主義的価値観であることには変わりありません。学校に行ってくれることが親にとっていちばんラクだから、そのような行動に出るのです。

子どもにどう接するかという点において、親が視野を広く持ち、さまざまな選択肢を持っているかどうかでは大きな違いが出るでしょう。

例えば大学生の子どもが「学校に行けない。夜も眠れないし……」と言って家にひきこもったとします。

私なら子どもに「すぐ病院に行って、診断書をもらってきなさい」と言うでしょう。学校に行けないほど眠れないという症状は、何かの病気かもしれません。病気ならそれ相応の治療や療養方法もあるでしょうが、「そんな気がする」だけでは家にはいさせられません。

「診断書がなければ、ひきこもりには荷担できない」と、最初にはっきりさせておきます。

ひきこもりが成長の過程、グローイングアップであることも多いのは確かです。なかには思い切って海外留学させたら、元気になって帰ってきたという例もあります。でもすべての人にあてはまるものでもなく、人それぞれの塩梅があります。

また、家族みんなが同じ視点でいれば、同じ方向に進みがちです。何かのきっかけで負となるようなことが起きると、そのまま家族が負のスパイラルに落ち込んでしまう可能性もあるでしょう。

例えばおばあちゃんと同居しているシングルマザーで、娘のなかに息子がひとりというような女系家族。男の子がひとりで、女性陣がつい甘やかしてしまうといった構図はよくあります。

このような場合は、クラブ活動でも、家庭教師でもいいから、大人の男性と接する機会をつくることです。

いい意味で子どもを「放牧」し、社会と関わらせることは、親子ともども視野を広げることになるのです。それはひきこもりにかかわらず、すべての家庭に言えることでしょう。

## いじめ

### 《現代のいじめは命を脅かす「害」のストレス》

はっきり申し上げましょう。今どきのいじめは「害」のストレスです。仕事のストレスでもお話ししたように、ライオンが目の前に迫っているのと同じです。ですから逃げることが何より必要です。

昔のいじめは、悪口を言う、無視をするなど、いじめた相手や行動が目で見えるものだったので、その多くは証拠や原因を特定できました。

ところが今のいじめは内容もやり方も陰湿で巧妙です。表に見えにくく、証拠も残りにくい。それはいじめに使われる武器が違うからです。インターネットという武器で、匿名の誰かがいじめをするのですから、その誰かを探すことがとても困難です。

さらに、学校や教育委員会の対応も、いじめそのものがないと発表したり、調査の議事録が残されていなかったりとずさん。親も子どもも学校側を信用できず、探偵に調査を依頼するケースもあるのだとか。

そんななかで子どもが追い詰められて死を考えるくらいなら、転校するなどして逃げること。学校よりも命のほうがずっと尊いのですから、「害」のストレスからはさっさと逃げましょう。

昔の言葉にはいい言葉がたくさんあります。

「逃げるが勝ち」「押してもダメなら引いてみな」「損して得取れ」

今の時代は学校を自由選択できます。親の仕事の都合もあるかもしれませんが、やはり子どもの命のほうが大事。転校するために引っ越しも考えてください。

ここで不幸の三原則に囚われてはいけません。「なんでうちが引っ越さなきゃいけないの」という自己憐憫や、「あのうちの子がいじめたせいで」という責任転嫁、「学校がもっとなんとかしてよ」という依存心。これらは捨てましょう。

引っ越しまでして転校するのは損と思えるかもしれませんが、子どもが元気に生き抜くという得につながります。パワーバランスなのです。

## 《勉強する意味、学校に行く意味》

学校は勉強をするところですが、実は勉強はどこでもできます。フリースクールでも、自宅学習でも、通信教育や放送大学でもいいでしょう。

「社会に出たとき、お金の計算がわかっていればいい。足し算、引き算ぐらいで十分だから算数以上の数学や他の教科なんか勉強しなくていいんだ」という声はよく聞きます。でもそれは違います。さまざまな教科を勉強するのは、視点を養うためです。

こんな見方がある。あんな考え方がある。こういう視点で解釈するのか。

そうやって視野を広げると、臨機応変で柔軟な考え方、俯瞰《ふかん》したものの見方を養うことにつながります。ですから勉強はしなくていいとは思わないこと。

間違えてほしくないのは、暗記で知識を詰め込むだけ、いい点数を取るだけが勉強ではないということです。

言葉は悪いですが「頭利口の心バカ」は、勉強の意味を取り違えた結果ではないでしょうか。

たとえ成績優秀で大学を出ても、自分を俯瞰して見られなかったり、相手のことを考えられなかったりという心バカでは、視野を広げるという意味での勉強が役立っていません。

では学校は勉強以外に何があるのか。それはコミュニケーションの場であるということ。さまざまな生徒や先生とコミュニケーションをし、人との関わりのなかで視野を広げ、共感力を身につけるのです。

こういうことをされたらイヤだ。友だちが自分を心配してくれたことがうれしかった。一緒に遊んで楽しかった。そうした共感を得られるのは、人との触れあいの場があるからです。

もちろんコミュニケーションは、学校でなければできないわけではありません。体操クラブなどでもいいし、アルバイトなど仕事の場でもできます。ですから自宅学習の場合も、人とコミュニケーションする場所をつくってください。

そういう意味では、最高学府である大学に進むことも意味があります。より広い視野で学べるからです。勉強はもちろんのこと、サークルに入ったり、講義の合間をぬってアルバイトをしたり、いろいろ挑戦もできます。現在、大学に通っている人は、自分がその貴重な時間を与えてもらっていることに感謝しましょう。

子どもとの向き合い方

## 《ダメと言えない親の罪》

親は、子どもに社会のルールを教えなければなりません。この世での人生の先輩として、教える立場にあるのが親だからです。

友だち親子という言葉があります。仲が良いという意味なのでしょうが、「うちの親子は友だちみたいなんですよ」と自慢げに言うのは、「親としての立場は放棄しています。だからちゃんと子どもをしつけられなくても仕方ないんです」と言っているように聞こえます。友だち親子という言葉を免罪符にしているのではないでしょうか。

親子仲がいいのは結構なことですが、親は必ずリーダーとしての意識は持っているべきです。また、褒めて育てることを実践していらっしゃる親御さんもいるでしょう。しかしダメなものはダメと、きちんと言わなくてはいけません。

私はある教育者が「子どもが書店で万引きをしたら、怒ってはいけません。『どうしてとっちゃったのかな?』と理由を聞きましょう」と語っているのを見て、驚きました。万引きは犯罪なのに、あまりにのんきな対応ではないでしょうか。

「万引きは窃盗という犯罪です。人に迷惑をかけるようなことをしてはいけません」と、子どもにはっきり教えるべきだと、私は思うのです。

全国の書店では、万引き被害によって経営が成り立たなくなり、閉店を余儀なくされる店も多いと聞きます。家族経営の店で、それがために一家心中を図ったという事例もあるそうです。そうした現実があることをきちんと子どもに教えなければ、大変な罪を犯したという意識を持てません。

現実を知らないから、「本屋って、ただ本を並べて売ってるだけでしょ。得してるんだから1冊ぐらいもらってもいいじゃん」と万引きをする。万引きをしても「やんちゃしちゃった」ぐらいにしか思えず、自分がしたことの罪、自分が本を盗んだ店がこの先どうなるかまで、実感も想像もできないのです。

今はなんでもバーチャルです。子どもが現実味を持てないのは、親や周囲の大人のせいでもあります。野菜や果物が畑ではなく、スーパーマーケットで生《な》っていると思っている子どももいるのです。ふだんから大人が現実を見せていなければ、子どもがそう思っても仕方のないことかもしれません。

## 《子どもに脅しを教えるイベントとは？》

拙著『子どもが危ない！』で私は、ゲームやインターネット、絵本が与える子どもたちへの影響について考察しました。残念ながら今の世の中を見ると、その影響は大きかったことがわかります。

当時の考察がどういうものかは前著に譲るとして、今、私が危惧しているもののひとつはハロウィンです。

おばけや悪魔の仮装をした子どもが、「トリック　オア　トリート（お菓子をくれなきゃ、いたずらするぞ）」と言いながら家庭を回ってお菓子をもらうこの行事は、大人も含めての仮装イベントとしても受け入れられています。

しかし、よく考えてみてください。「お菓子をくれなきゃ、いたずらするぞ」という言葉は、駆け引きであり、脅しではありませんか？　極端に聞こえるかもしれませんが、「金をよこせ、さもなくば殺すぞ」と同じです。

そんな言葉を子どもたちに言わせる行事とは、いかがなものでしょうか。イベントとはいえ、駆け引きや脅しを、毎年のように教育しているとは言えませんか。

「そこまで深く考えなくても……」「子どもがおばけの仮装をしているだけ。かわいいんだから、いいでしょう？」と思うのは、先々のことを考えていないからです。

習慣は必ず、のちに影響します。成長した我が子に、「お金をくれなきゃ、暴れるぞ」と脅される前に気づいてほしいと思います。

そもそもハロウィンは、古代ケルト人が信仰していたドルイド教で行われていたサーウィン祭が起源だとされています。諸説ありますが、サーウィン祭は生け贄《いにえ》の儀式と言われ、「トリックオア　トリート」も、「生け贄を出さないと呪うぞ」という意味があるのです。

たましいの視点からもうひとつ申し上げると、悪魔のような仮装についても私は賛成できません。

言葉にたましいが宿る言霊同様、衣服にも「衣霊《ころもたま》」があると思います。悪魔のような仮装をすれば、悪魔的な考え方を持ちやすくなるでしょう。実際に、ハロウィンで大勢が集まるなか、暴れてトラックを横倒しにする事件も起こりました。

子どもたちに「かわいいから」という理由だけでそのような仮装をさせるのは、たましいに影響があるという視点がないからです。

どうしても仮装をさせたいなら、聖人や天使の格好をさせてはいかがでしょうか。きっと子どもたちも、見る人も、やさしい気持ちになるでしょう。

## 毒親

### 《あなたの親は毒親か》

私がこれまで受けた相談でも家族の問題、なかでも「こういう親で困っています」といった、親から受けるストレスを訴える人は多いと感じます。

子どもにとって毒となるような存在という意味で、毒親という言葉を使う人も少なくありません。ネグレクトや暴言・暴力、過干渉などをする親を指すようですが、もっと幅広い意味合いで使われているという印象です。

なぜそう言えるかというと、私がこれまで受けてきた相談では、親のことを「毒親だ」と言いながらも、実は親子の共依存である場合が多いのです。

もちろんすべてがそうではありませんし、ネグレクトや暴力などは犯罪です。とくに自分の身を守れない幼い子どもが、そのような親元にいるのは命の危険がありますから、すぐに助け出す必要があります。

しかし、「母親が毒親で困っています」と言う成人女性の相談を詳しく聞いてみると、困っているのに親と同居しているケースが少なくありません。

幼い子どもならばいざしらず、成人して仕事も持っているならば、自分を困らせる親からは早く自立し、家を出るという方法でストレスから逃れることはできるはずです。

「毒親とどうつきあっていったらいいでしょうか」という問いに対しても、「無理につきあう必要はないのですから、距離を取ってはいかがでしょう。あなたはもう仕事があり、自立できるようですし、自由に生きたらどうですか」と、私なら答えるでしょう。

そこで次にくるのは「親を置いて出るなんて親不孝はできません。親が一人暮らしになって詐欺にでもひっかかったら大変です」といったセリフ。

一緒にいても24時間、親のことを監視しているわけにはいきません。それに人は誰でもつまずく権利があります。親とて同じで、そのつまずきは親自身の問題です。

結局のところ、毒親という言葉を自己憐憫に使い、親孝行という言葉を免罪符に使って、自分が親に依存していることを覆い隠しているのです。親も子どもに甘え、子どもも親に甘えている共依存が垣間見えます。

親子でもたましいは別です。家族は互いに学びあう学校のようなものです。だから親でも子でも、誰もが責任主体で自律して生きていかねばなりません。

それがわかれば、親は親、自分は自分と考え、毒親からさっさと自立するという行動に出られるはずです。

## 《子どもに責任転嫁を植え付ける親》

「子どもかわいい」の一点張りで過干渉になる親はいます。なんでもやってあげて、これ着なさい、あれ食べなさい、学校はどこそこへ行きなさい、就職はこういうのがいいんじゃないの……等々。

子どもがそれに甘んじてしまうと、今度は親を利用しないと生きていけなくなります。何か失敗すると親のせいにするのです。

そこで登場するのが毒親という言葉。

「毒親に育てられたから、こんな私になってしまった」

確かに親が物質主義的価値観で、間違った愛情の注ぎ方をしたから過干渉や過保護になったのかもしれません。しかし周囲がそれを聞いたら、「産んでもらっただけでありがたいのに、そのうえ何不自由なく育って、甘ったれたこと言うな」と子どもに言いたくなるでしょう。

視点を変えると、こういう分析もできます。親がそういう子どもに育てた結果が現れているのではないか。つまり、小さいときから子どもが何か失敗をすると「これができなかったのは、こうだからよね」と理由をつけて、親が擁護してきたのです。

「試験がうまくいかなかったのは、前の日のテレビが面白くてつい見ちゃったからよね」「勉強に集中できなかったのは、お隣のおうちがうるさかったからよね」というように。

責任転嫁を子どもに植え付けてきたから、最後に「毒親がいるからダメになっちゃったのよね」と、子どもに言われてしまったのではないでしょうか。

いずれにせよ、親のせいにしても、始まりません。毒親だと気づいたなら、もうそこからは子ども自身が、自分で乗り越えて、生きていくのです。

## 《毒親の乗り越え方》

毒親という言葉を使うと、どこかで「気の毒ね」と言ってもらえるような気がしている人は多いと思います。ストレスという言葉に、「それは大変ね」と言ってもらえるのと同じです。

親が亡くなったあとでも、「毒親だったし、私がこんな人生でもしょうがない」と言う人がいますが、厳しい言い方をすれば言葉に酔いしれているように聞こえます。

先に述べたように、あまりに幅広い意味で毒親という言葉が使われてきた結果、周囲が「それって本当に毒親？」と言いたくなるようなケースも増えているのではないでしょうか。些細なことも毒親のくくりに入れて、自分を擁護する免罪符にしている場合も少なからずあるのでは。

もちろん、本人がストレスを感じているには違いないでしょう。でも自分次第で、親元を離れるなど、突っぱねられることも覚えておきましょう。そのストレスをしっかり分析すれば、拒絶したり、遮断したりすることはできるのです。

毒親から離れたあとも、トラウマのように過去を抱えてしまう人は、こう考えてください。たとえ毒親だったとしても、「そういう親だった」「ひどい経験をした」という事実があるだけだと。

そして、そこから自分は何を得たのかと視点を変えましょう。私はよく、「転んでもただでは起き上がるな」と言っています。まんじゅうのひとつでもいいから見つけて立ち上がれと。どんなことにも、きっと自分自身の学びがあるはずです。それを見つけて、その先の人生に活かしてこそ、乗り越えたと言えるのです。

毒親という言葉を自分が使うとき、都合が悪いことを全部親のせいにしようとしていないかという視点を、持ってみましょう。言葉の使い方からも、ストレスは分析できます。

## 親子関係というストレス

### 《悪者になっていいと腹をくくる》

「親を看取ることができませんでした。たったひとりで最期の時を迎えた親は、私を恨《うら》んでいないでしょうか」

このような悩みは、よくあります。一見すると親思いな子どもが抱く悩みのようですが、私は違った受け止め方をしています。

親戚などから「一人娘なのに、親も看取ってあげられないなんて」と責められたりすることを恐れているのだろうな、と冷静に分析します。実際に、親戚からそう責められて困っていると言う人もいます。

「お母さんはひとり静かにあの世に旅立てて喜んでいましたよ」という確約を霊能者から取り付けて、「私は悪くなかったよね。お母さんだって恨んでいないんだから、叔母さんたちから批判を受ける必要はないよね」と言いたいのです。

残念ながら親のことを思っているのではなく、自分が周囲から責められることへの恐怖心が強いのです。

「私が悪者で結構！」という気持ちには、なかなかなれないのでしょう。

事件や不祥事が起きると、その謝り方ひとつに批判が集まり、とうとう謝罪の仕方を指南する本まで出るほど、誰もが批判に弱くなっています。

どうしてそんな世の中になったのかを考察してみると、先に述べたような極端な平等論が教育に入ってきたせいもあるのではないかと、私は思います。

目立ってはいけない、和を乱してはいけないという日本特有の性質に付随して、悪者になることを極端に避けるような流れ、もっと言えば罪悪感のようなものが、日本全体にあるような気がします。

もちろん、投げやりになっていいというのではありません。しかし精一杯やったという自負があるなら、腹をくくって「批判されたらされたで、かまいません」という姿勢でいればいいのです。

## 《親子でもリスクマネジメントは必要》

親の死後に周囲からの批判を受けたくないなら、リスクマネジメントをするべきです。それは親にエンディングノートを書いてもらうことです。

底意地の悪い親戚というのは、どこにでもいます。「延命治療しなかったんだって？」「本当によかったのかね」「それで遺産だけはちゃっかりもらうの？」

そんなふうに言われたら、「母はエンディングノートに希望を書いていました。ほらコレです」と言って、見せてあげればいいのです。

口約束ではなく、証拠の品として用意してあれば、相手は二の句を継げなくなるはず。もし親に言ったのに親が書かなかった場合は、親自身がリスクマネジメントを放棄したということ。それは親の問題だと割り切りましょう。

話は変わりますが、実は毒親を、誤ったリスクマネジメントとして使うケースもあると分析できます。

「学歴が低い」「仕事がうまくいかない」「人生に失敗した」など、自分がうまくいかないことを人に説明するときのリスクマネジメントとして、「そうそう、親のせい。毒親だから」と利用しているのです。

例えば自分の子どもから「お母さんはどうして学歴が低いの？」と尋ねられたら、「だってお母さんの親、毒親だったの。だから思うような学校に行けなかったのよ」と言えます。

しかしこのリスクマネジメントは誤っているがゆえに、自分の子どもに負の連鎖を及ぼします。「私は毒親だからこんな学歴だけれど、お母さんはあなたのことをなんでも理解して支えてあげているわよね。それなのにこの成績なの？」と、子どもに言ったらどうなるでしょう？　子どもが行き詰まって、ひきこもってしまうかもしれません。

親が抱える心の闇が、負のフィールドを作り、子どもへの負の連鎖を招く要素となり得るのです。

**《親も子も自律を》**

親子関係におけるストレスは多岐にわたりますが、根本原因としてあるのは、やはり物質主義的価値観です。

「老後を考えたら子どもを産んでおいたほうがいいでしょうか」というのも、恐ろしい物質主義的価値観にほかなりません。自分で介護士を産んでおこうという考え方なのですから。

また、「あなたのために言っているのよ」「これこれしたほうが将来、いい結婚につながるよ」という親の考え方も、結婚したばかりの夫婦に「お子さんはまだ?」「次は元気な赤ちゃんの報告を待っています」という周囲の決めつけも、すべて物質主義的価値観からくるものです。

そもそも結婚したからといって、人生が安泰などとは言い切れません。パートナーや子どもが先に亡くなることもあります。

子どもが親より先に亡くなり、「本当は息子に面倒をみてもらおうと思ったのに」と落ち込む老親の姿だって珍しくはないのです。そう思えば、何かをあてにして安心を得ようというのはもう止《や》めにしなければならないとわかるでしょう。

子育てに関して言えば、私はたましいの視点から、子育てはボランティアと申し上げています。盲導犬を育てるのと同じです。しつけとマナーをしっかり教えて社会に羽ばたかせる。そこからは親は介在しないと腹をくくれば、親の空《から》の巣《す》症候群はあり得ません。社会に出た盲導犬は、仕事を終えたのちの老後、またボランティアに引き取られて、看取られ亡くなる。人間も同じように生きるべきです。

ひきこもりや毒親を始め、さまざまな問題は物質主義的価値観に対する非難であり、物質主義的価値観の限界が噴き出ているにすぎません。

自分が甘んじて受け入れてきた物質主義的価値観を自戒しなくてはいけない、その表れです。

ならばそれに伴うストレスを誰のせいにも、何かのせいにもできません。

自己憐憫、責任転嫁、依存心という不幸の三原則から離れ、一人ひとりが自律しなければいけないときなのです。

## 《精神科医やカウンセラーをどう取り入れるか》

さまざまなストレスに思い悩んだとき、精神科医やカウンセラーに助言を求めることはあるでしょう。

そのときにもっとも重要なのは、自分に依存心があってはならないということ。自分自身がどうしたいのかをまず自らで分析し、精神科医やカウンセラーはそれに対しての助言やサポートをしてもらう立場の存在であると、しっかり認識していることです。

それなしに相手に丸投げしてしまえば、相談した自分が振り回されてしまいます。

残念ながら、世の中には人間力のない精神科医やカウンセラーもいます。傾聴だけをしてお金を取る、過去に受けた心の傷をただ思い返させるばかりで自己憐憫を増やす手伝いをする、暴力を振るう相手に困っている相談者に対して「逆らわず、相手の好きなようにやらせなさい」と言ってしまう云々《うんぬん》。

これでは不幸につながるのは目に見えています。

自己憐憫、責任転嫁、依存心は不幸の三原則ですが、実は蜜の味でもあり、なかなか手放せないもの。それをただ受け止め、耳障りなことは言わない精神科医やカウンセラーに引き寄せられるのも、厳しいようですが自分のせいです。

人間力のある精神科医やカウンセラーというのは、人としての懐が大きい人のことです。経験と感動を重ねたうえでの洞察力がある人ですから、患者側が自己分析できていないことや依存心がある心のもろさ、未熟さも見抜きます。「まず自分についてよく考えなさい」と、厳しいことも言ってくれるはずです。

しかし、そのような人ばかりではないのも事実です。

つまり、どんな相手に相談するとしても自分の力で乗り越えるという前提なしには、うまくいかないのです。

私は相談者から「江原さんのおかげで乗り越えることができました」と言われることがありますが、それに対していつもこう言います。「いいえ、私のおかげじゃありません。あなたの力ですよ」と。これは謙虚でもなんでもなく、事実です。

私がどれほどアドバイスをしても、相手の人生を替わってあげることはできません。実際に乗り越えるのは本人の力なのです。

人が病気で医者にかかるときも同じでしょう。治療のアドバイスをしたのは医者でも、自らが摂生《せっせい》し、薬を飲んで、痛い思いを乗り越えたから、病気が良くなったのではありませんか？

しかしそれを「まないたの鯉《こい》のつもりで先生にまかせますよ」などと、まるで潔い人のような口ぶりで、医者に丸投げするのは依存しているだけです。

治療の努力という自律する気持ちがあれば、「人事を尽くして天命を待つ」と言えるはずです。

もっとわかりやすいたとえで言うと、あなたが家を建てるとき建築家に頼んだとしましょう。そのとき自分がこういう家にしたいという希望を伝えて、何度も相談しながら設計図を完成させていくはずです。

建築家におまかせで建ててもらえば、あとから使いにくい、金額が高いと文句が続出することは想像に難《かた》くなく、最悪の場合は設計ミスが発覚ということも。しかし建てた後で文句を言っても、もう遅いのです。

何もかも人に委ねてしまう人は、ふだんから人に依存し、無駄に時を過ごしています。逆に病気やトラブルがあるときに、医者やカウンセラーを上手に取り入れられる人は、健康なときやトラブルのないときも、自らの力で充実した有意義な人生を創り上げているはずです。

私はよく「怠惰な土地に花は咲かない」と言っています。あとで後悔する生き方にしないためには、何事もふだんから自分で考え、調べ、勉強する習慣をつけることが大事。花が咲くか、咲かないかはその差だと思います。

# 人間関係がもたらすストレス

## 《なぜ人は傷つくのか》

「私は人づきあいが得意です」という人のほうがやっかいではないかと、私は思います。なぜかというとそういう人は、人間関係を馴れ合いのためのものと思い込んでいる可能性が高いからです。だから人との距離感が測れず、何かあると「裏切られた」と人のせいにしてしまうのです。

人づきあいが苦手でストレスだという人は多いでしょう。しかし人づきあいやコミュニケーションは得意だからする、不得意だからしないというものではないはずです。

では何かと言えば、人づきあいは自分を見るための鏡です。人間関係を通して、思い通りにならないことに出会い、そこで自分自身を振り返るのです。

ですから人間関係で傷つくというのは、自分に問題があるから傷つくのであって、相手に傷つけられているのではありません。相手が鏡となって、問題がある自分を見せてくれたのです。

例えばやせている人が「デブ」と言われても、ふつうは腹が立ちません。腹が立つのは、自分のことをデブと思って、気にしている人だけ。つまり図星のことを指摘されたから腹が立ったのです。

自分が気にしていれば、相手が別のことでまったく悪気なく「デブ」という言葉を使っても、「自分のことを言っている」と反応してしまうでしょう。「いま私のこと言ったんでしょ。ひどい！」「え？　別の人のことを話していたんだよ。だってあなたはデブじゃないでしょう」

相手がいることで、自分がデブだと気にしていることに気づけただけ。相手に傷つけられたと思うのはお門違いなのです。

人間関係における相手は、鏡でありリトマス試験紙のようなものです。自分ひとりではわからないことを気づかせてくれるありがたい存在で、必要な学びをもたらしてくれます。

その視点を持つと、人間関係のさまざまなストレスは、意外と簡単に乗り越えられるのではないでしょうか。

## 《インターネットと危うい自己承認欲求》

人間関係は自分を映す鏡ですが、ひとりでいることが悪いわけではありません。他者がいるから、孤独を感じるのですし、そういう意味では孤独もまた人間関係の一種です。むしろひとりの時間から学べることもたくさんあります。人といつも戯れていては、逆にひとりの学びができないでしょう。

ただ、実は多くの人はひとりの時間を持っていません。物理的にはひとりでいても、スマートフォンを通していつもSNSに興じている人がほとんどのはずです。

また最近は、自室にひきこもりながら自分の動画を撮影し、インターネットを介して発信している人もいます。ネット上で「いいね！」という反応をもらうと、人とコミュニケーションしている気になるかもしれませんが、それは誤解です。

インターネット上の反応は、自分を映す鏡になり得ません。ブラックホールに向かって自分の言動を発信しているようなものですし、自己承認欲求を満たすだけで、画面の向こうにいる相手を受け入れていないからです。

とくに小中学生のような成長期に、インターネット上での発信に没頭してしまうのは、共感力を養う機会を失ってしまうので心配です。前述のように学校に行かないとしても、別の場なりで人と触れ合う機会を持ち、自分を映す鏡としての人間関係、そして共感力を養ってほしいと思います。

傷つくというのは磨かれるということです。自分が痛いと思うから、人の痛みもわかる。そのストレスは決してマイナスばかりではなく、自分に大切なものを教えてくれるはずです。

## 《マスクという自己防御の先にあるもの》

若い人たちを中心に、ふだんからマスクを外さない人が増えています。マスクで顔の半分を覆いながら街中を歩くさまは外国人の目には奇異に映るようで、「日本は伝染病でも流行しているのか」と思う人もいるのだとか。

風邪やアレルギーだという人もいるでしょうが、ほとんどが病気とは関係なくマスクをしています。

その理由は自分を隠すためです。一種のひきこもりなのです。

本当に部屋にひきこもる人はパソコンを通して、外の世界を見ます。恐ろしい外の世界をパソコンという窓から覗《のぞ》きながら、わずかに社会とつながっているのです。

私はテレビなどに出ることもあって顔が知られているので、移動中にサングラスとマスクをしていることがあります。そのときはやはり、「誰も自分のことをわかっていないだろうな」と感じ、少しばかり自由な気持ちになれたりします。ですから自分を出さずに隠す人の気持ちも、わかるのです。

しかし、自己防御だけだったのが、いつしか自分を隠していることで大胆になることもあります。

それが行き過ぎると、インターネット上での匿名の書き込みに発展するのではないでしょうか。殺人予告などを書き込んで逮捕された人の表情をニュースなどで見ると、あんなに大胆で過激なことを書き込んでいた人とは思えないほど、気弱な感じで意気消沈していることがあります。自分がしたことの大きさに気づいてもあとの祭りです。自分が見えなくなることほど、怖いものはありません。「つい書き込んでしまった」とあとから思っても、遅いのです。

## 経済的ストレス・子どもの貧困

### 《アンバランスな日本――子どもの貧困》

豊かな国だと言われる日本なのに、子どもの貧困が問題になっています。余った食品を捨てるフードロスへの対策が報じられる一方で、お腹いっぱい食べることが難しい子どもがいて、フードバンクに頼らざるを得ない状況があるというアンバランスな現実。なぜこんなことが起きているのでしょうか。

給食費が払えずに、給食が食べられない子どもがいるという話を、教育関係者から聞きました。そのような子は、給食の時間になると教室を出てどこかで時間をつぶすのだとか。こんなショッキングな話はありません。

地域の制度によって対応は違うでしょうし、また家庭によって事情はいろいろだとは思います。払えるのに払わない親だとしたら、それは毒親に違いありません。しかし払いたくても払えない状況ならば、子どもに対して何かしてあげられないものかと思ってしまいます。

私が子どもの頃は、家が貧しい子どもは自分で新聞配達などをして稼いでいました。でも今は子どもに労働をさせることが虐待につながると考える人もいて、避ける傾向にあるようです。

確かに強制的に労働させるのは問題があるとしても、そうでない場合は経済活動を知る意味でも、仕事をすること自体、悪くないのではないかと私は思います。

子どものときから、自分の働いたお金でおやつを買うといった金銭感覚を身につけるのは、とても大事なことのはずです。

それを遮《さえぎ》るのは、やはり行き過ぎた平等意識があるせいなのかもしれません。

よく考えればプラスのことも、またグラデーションがあって良かった部分も、全部ひっくるめてマイナスにくくってしまう。そんな短絡的で、視野の狭い状況が今の世の中にあるような気がしてなりません。

## 《家族で借金を返す》

私の子どもたちが小さい頃、家族旅行で毎年、同じ旅館に泊まっていました。いつも同じ仲居さんが担当してくださったのですが、彼女が仕事をしながら身の上話をしてくれるのです。

ご主人が事業に失敗して借金を抱えていること。家族みんなで借金を返そうと、それぞれが離れて暮らしながら働いていて、家族で集まるのはお正月を含めて年に数回だということ。

彼女は明るい性格で、そんな話を豪快に話してくれました。毎年、会うたびに少しずつ借金が減っていき、もうすぐ終わるというのを聞きながら、「よし、いざとなったら家族みんなで働けばいいんだ」「こういう旅館で働くという手もあるな」などと思ったものです。

きっと子どもたちにとっても彼女の話は思い出とともに刻まれ、いい勉強になったのではないかと思っています。

私の母は、私が中学生の頃に亡くなりましたが、その直前によく言っていました。「働くなら、とにかく食事のついているところにしなさい。まかないがあれば食いっぱぐれないから」と。

ですから私が高校生で一人暮らしを始めた頃、アルバイトは迷わずレストランを選びました。学生でなければ旅館の住み込みでもいいなと、今なら思います。

## 《食べられない状況を打開する方法》

私が今、居を構えている熱海にはたくさんの旅館があります。人手不足で従業員を募集してもなかなか人が集まらず、従業員のための寮もがら空きだといいます。旅館の経営者に話を聞くと、従業員がいればもっとお客さんを受け入れることができるのに、それができないため100%の稼働はしていないというもったいない状況だとか。

つまり、子連れでも働き手はウエルカムな状況なのです。

経済的に苦しく、フードバンクを頼らざるを得ない状況だという家庭は、寮完備の旅館で働くのもいいのではないでしょうか。

もし私がシングルマザーで、経済的に困窮していたら、迷わず住み込みの仲居さんを選びます。まかないで、子どもも食べられるかもしれません。「よし！　子どもが学校を卒業するまでの数年だけは地方で稼ぐぞ」と腹をくって、現状打破をはかります。子どもにお腹いっぱい食べさせられるところなら、どこへでも行って仕事をします。

人手不足は熱海に限ったことではないでしょう。また旅館に限らず、農業、漁業、日本各地で、多くの働き手を求めている状況です。過疎地の自治体によっては、家や仕事を用意して、移住を受け入れているところもあります。

もっと情報を集めれば、今の食べられない状況を打開する道はあるはずです。

「都会のほうが便利」「子どもが学校を変わりたくないと言っている」など、さまざまな思いがあるかもしれません。しかし優先順位を考えてみれば、その思いはただの執着。家族が食べていくことのほうが、ずっと優先順位は高いとわかるはずです。

パワーバランスという視点で考えても、「どれも欲しい」は無理なのです。

そこまで困窮していないけれど将来が不安だという人たちに、私はよくこう言っています。「看護師か調理師の資格を取りなさい」と。どちらも日本国中、どこでも必要とされる職種だからです。結婚して配偶者の転勤などで住む場所が変わっても、手に職があれば引っ越した先で就職できます。離婚したとしても、資格があれば食べていけます。

看護師は引く手あまたで、託児所付きの病院も多いので子どもがいても大丈夫。調理師は何より食いっぱぐれがないですし、前述のような旅館でも重宝がられます。

現実をしっかり見て、考え、もっとしたたかに生きる知恵を見つけていかなくてはなりません。

もちろん病気があるなどで働けない場合は、行政や周囲の援助を受けることです。

## 食のストレスと真正面から向き合う

### 《添加物まみれで、本当に健康か》

衣食住は人間から切り離せません。それだけにこれらからストレスを受けることがあるのは事実です。着心地の悪い服はもちろんのこと、化学繊維が体に合わない人や建材に含まれる薬剤によってアレルギー症状が出てしまう人。シックハウスや家電の電磁波などがストレスになっていれば、安心して家に住むこともできないでしょう。

なかでも食から受けるストレスは大きいものです。

しかも、おいしいと思って食べているものが、実は体にストレスを与えている場合もあるのです。

かつて『スーパーサイズ・ミー』というドキュメンタリー映画がありました。ファストフードを食べ続けた結果、体調面のみならず精神面にも影響が出たという内容で、食べ物が心身に与える影響が如実に表れていました。

それほどではなくても、スナック菓子や甘いものを食べ始めたら、止まらなくなったというような経験は誰にでもあるのではないでしょうか。中毒とまではいかなくても、なぜ食べ続けてしまうのかを考えると、ちょっと恐ろしい気がします。

食物アレルギーなどはある意味、わかりやすい形でストレスだと知らせてくれます。

しかし私たちは自覚するとしないとにかかわらず、添加物など体にストレスを与えるものを食べていることにも気づかねばならないでしょう。

スーパーマーケットやコンビニエンスストアなどで食品を買うとき、原材料名をよく見てみてください。添加物がまったく入っていない商品を探すほうが難しいほどです。

お店に常温で置いてある総菜パンは、なぜ賞味期限が長く、カビが生えないのでしょうか。どう考えても添加物のおかげでしょう。しかも添加物が入っていながら、野菜を使っているなど栄養があって健康にいいと思わせるような商品も。果たして体にいいのか、悪いのか、もはや混乱してしまいます。

私が不思議に思うのは、「健康にとても気を遣っています」と言いながら、どういうわけか添加物などに無頓着な人がいることです。

男女問わず筋力トレーニングが流行し、筋肉をつけたい人が多い昨今、低カロリー、高タンパクの鶏肉を選んで食べる人が増えました。コンビニエンスストアでも手軽に、ハーブなどで味つけしたサラダ感覚で食べられるチキンが売られています。

しかし商品によっては、添加物がたくさん入っているものも。筋肉をつけて、健康になるためにチキンを食べる。しかしそれが添加物まみれだとしたら、食べて本当に健康になれるのでしょうか？

言葉は悪いですが、「死んでも筋肉をつけたい」と言っているようです。

またいくら忙しいからといって、動物性タンパク質や合成・精製されたサプリメントだけというような食事の摂り方が、体にいいとは思えません。

それどころか逆に、体のみならず、心にもストレスを与えているように思えてならないのです。

## 《中途半端な知識がストレスを生む》

偏った食事が病気を招くことや、添加物や農薬が体に悪いことはなんとなくわかっていても、知識が中途半端では意味がないでしょう。

「貧血気味なので、お肉を積極的に食べないといけないんです」という人がいますが、貧血に必要な栄養素は、果たして肉からしか摂れないのでしょうか。そんなことはないはずです。

多くの人が誤った知識や思い込みに縛られ、またよく考えず、勉強することもなく食事を摂っています。甘んじてストレスを受け続けているのです。

食のストレスと向き合うには、栄養学を始め、社会のしくみに至るまで勉強することが大事です。

私は自分が実践したことで実感したことがあります。ファスティング（断食）を経て肉食を止めたことで、集中力が増したのです。心身ともにストレスがデトックスできたのではないかと思っています。

それとともに自分の食生活を振り返ったとき、小麦を摂りすぎると体がだるくなっていたことなどにも気づきました。

小麦そのものが良くないのか、それとも小麦に使われている農薬が問題なのか。その疑問から、小麦のみならず、さまざまな食にまつわる現状を調べるようになりました。そこで、やはり食が心身に与えるストレスが大きいことに気づきました。

大事なのは正しい知識を得ること。そして現状を、自分を知ることとです。

私は食について調べていくなかで、農業や畜産業における物質主義的価値観についても知りました。その現実を知ったとき、肉食を控えようと思ったのです。

このような社会の現実は農業や畜産業に限ったことではありません。多くは語りませんが、今はインターネットなどで真実の姿を知ることが可能ですので、ぜひご自分で調べていただきたいと思います。

ひとつ申し上げておくと、これは私自身の選択であり、誰に強要するものでもありません。

ただ前述のように地球温暖化の一端は家畜の飼育にあることは国際的な課題とされています。

私たちが食について考え、調べ、実践することで、環境が変わるかもしれないという視点は、大事ではないでしょうか。

これだけ物質主義的価値観がはびこる世の中ですから、まったくストレスのない食事だけを摂ることは無理です。逆にエキセントリックにすべてを排除しようとするのも、またストレスとなります。それでは本末転倒なのです。

食べることは生きること。生きることは食べること。おいしいものを食べる幸せというのは、人にとってやはり大切なものです。

食べる楽しみも享受し、いいものを選んで食べながら、デトックスも考える。その両輪が、食のストレスと向き合うポイントと言えるでしょう。

## 《美味いものを食べて死にたいという考え方》

「余生だって限られているんだから、何も気にせず美味いもの食って死んじゃえばいい」という考え方があるのも理解できます。

では自他共に認める食いしん坊の私が、「何も気にせず美味いものを食べて死ぬ」という方向に今、行かないのはなぜか？

それは、ピンピンコロリで死ねるのはどういう道かというのを考えたからです。

スピリチュアルな視点で、「今さえよければいい」というのではなく、その先のことも見据えて今を生きたいと考えているのです。

肉体は車で、運転手はたましいだと述べました。肉体という車を、最後までいい状態で乗りこなすためのメンテナンスを怠りたくはない。その明確な手段のひとつが食であり、食のストレスをなるべく減らすことなのです。

それに私は今、和食中心の食生活ですが、十分においしいものをいただいていると言えます。物質主義的価値観で言うところのご馳走とは少し違うかもしれませんが、日本人のDNAに合った伝統食が心身に与える健やかさ、滋味あふれるおいしさというものを実感しています。これはたましいと肉体へのなによりのご馳走です。

ですから末永くおいしいものを食べて、ピンピンコロリで死にたいと思っています。

【対談】

# 管理栄養士 圓尾和紀×江原啓之

ストレスへの新たなアプローチとは

# 体と心をつなぐ食

K A Z U K I　M A R U O

## 圓尾和紀

まるお・かずき。1986年生まれ。神戸学院大学栄養学部卒業、静岡県立大学大学院生活健康科学研究科修了。管理栄養士。一般社団法人分子整合医学美容食育協会認定ファスティングマイスター・エキスパート。同協会中目黒支部支部長。総合病院の管理栄養士職を経て「将来病気にならない食事の仕方」を伝えたいと志し、独立。現在は「伝統食の良いところを現代に取り入れる」をコンセプトに、カウンセリングやファスティングの指導、YouTube、講演、執筆などで活動中。著者に『一日の終わりに地味だけど「ほっとする」食べ方』。

## ストレスと過食・拒食

江原　病院での栄養指導経験から、ストレスと食との関係について、とくに気がつくことはありましたか？

圓尾　仕事でストレスが多いからお酒を飲んでしまう、家庭で問題があって、そこから逃げるために甘いものを食べてしまう、という構図はあります。しかしながら栄養士として食事や栄養についてお話をしても、患者さんの食生活はなかなか変わらないという現実がありました。「食生活を改善したらいいのはわかっているけれど、なかなかできない」とみなさん、おっしゃるのです。例えば悩んでいるときに甘いものを食べると一時的にでも心が落ち着きます。と同時に、甘味は快楽であり、クセになりやすいですから、つい食べてしまうのです。

江原　甘いものを摂ると落ち着くとか、快楽になるというのは、なぜですか？

圓尾　ひと言で言うと、本能に仕組まれているからです。甘いものはカロリーがあり、生きるうえではエネルギー源です。この食材にエネルギー源があるとわかることは、生物にとって大事なのです。自然界にはもともとそんなに甘いものはないので、その本能は役に立ちました。しかし今の時代は精製された白砂糖による加工品が多く、現代人は逆に苦しんでいるのかもしれません。ご飯や芋などに含まれる糖質よりもストレートに甘味を感じる分、エスカレートして過食につながる危険があるからです。

江原　現代人はみんな、ある意味で逃避したくなるようなストレスを抱えていますから、そうした依存に誰でも陥りやすいですね。一方で、過食と逆の拒食に走る人もいます。

圓尾　ストレスによって自律神経の働きなども狂います。ただ、食べたものを吐き出してしまうような拒食は、精神的なことが原因になっている場合が多いようです。

江原　拒食に対する栄養指導は、どのようになるのですか？

圓尾　なかなか指導は難しいです。「食べなさい」とは言えないので、水分をきちんと摂るだとか、食べられるものを食べるといったことになってしまいますね。実は栄養士のなかには、自身が拒食だったという人もいるんです。そこでよく聞くのが体重増加の恐怖。食べたら体重が増える、体重を増やしたくない、だから食べたくない。食べると罪悪感を抱き、食べても吐くというのを繰り返すのだそうです。でも、その拒食を克服したのをきっかけに栄養士になった方は少なくありません。

江原　それはまさに光と闇の法則ですね。私は音楽の世界も知っていますが、過去に喘息《ぜんそく》だったというオペラ歌手やトランペット、フルート奏者の人は、意外と多いのです。呼吸と関わりますから。喘息を克服するために歌や楽器を始めて、実際に良くなったとか、ラクになって克服したことでプロにまでなったという……。

圓尾　まったく同じですね。
江原　ですからつまずきは大事なのです。自分が悪くてつまずくということではなくとも、病気というつまずき。それも中途半端なものではなく深い闇があるからこそ、そこにひとすじの光を見出せるのだと思います。その栄養士の方々も、克服されて安心して食べられるようになったわけですね？
圓尾　ええ。拒食に悩んでも人にはなかなか相談できず、隠している人も多いのです。経験者としてそういう気持ちもわかる栄養士は、だからこそ同じように悩む人の助けになりたいと考えていますよ。
江原　相談できないというのは気の毒です。私が長年のカウンセリングで感じたのは、拒食の裏にある親子間の問題です。親が作った食事が食べられず、拒食が始まるケースが多いのです。そこから人とご飯を食べるのが苦痛で、恋愛も友だちづきあいもできなくなったりします。それもひとつのストレスなのです。

## 学ぶことが克服の道を拓く

江原　根本に人間不信があり、それが拒食に出る人もいれば、ひきこもりという形に出る人もいるのだと思います。どちらも「閉ざす」なんですよ。私は、拒食症から病気になってしまうのではないか、という点も心配なのです。胃腸障害もそうですが、どういうわけかスナック菓子や菓子パンを、大量に食べる拒食症の方も多いですよね。添加物が多い加工品を大量に食べれば体に負担もかかるだろうし、それが心配です。

圓尾　ええ。それによって栄養不足にもなります。脳に栄養がいかなくなり働きが落ちてくれば、心の作用も落ちます。ホルモン状態も良くなくなるでしょうし、良くない循環がどんどん起きるので、余計に拒食から抜け出すのが難しくなるのです。精神的な面と、体の面と両方に影響が出ると言いますか……。

江原　栄養学を学んで食事改善するというのは、もしかして拒食症克服の道かもしれませんね。

圓尾　拒食がきっかけで栄養士になった人たちの話を聞くと、食のことを勉強し始めて、それによって「栄養って大事なんだ」と気づき、食べるようになったと言います。ですから栄養学までいかなくても、食の面から学んでいって少し知識をつけていきながら理解を深めて、拒食を克服するという方法は、あるんじゃないかなと思います。

江原　それは大きいですね！　過去のカウンセリング経験から、フィジカルなヒーリング抜きには克服できないという実感が私にもあるのです。拒食は心の問題だということを相談者に話しても、「わかっているんですけど、でも……」という人がとても多い。だから心の問題はあとまわし、もしくは同時進行で、食べることへの対処を別にやるのがいいと、私も思います。「食べても安心だ」「栄養って大事なんだ」という知識から、食べる練習をしていって、安心して食べることの歓びを知る。そのアプローチですよね。そもそも拒食の人にとって食べることは歓びじゃないですから。

圓尾　おっしゃる通りです。そう考えると、知識をつけることはひとつの武器になります。知識があれば、スナック菓子や菓子パンを食べることが、どうして体に良くないのかも認識できます。

江原　栄養学的には何が問題でしょうか。

圓尾　スナック菓子や菓子パンは、カロリーは多いですが、生きていくうえで必要なタンパク質やビタミン、ミネラルなどの栄養素が少ないのです。そういう意味でエンプティ・カロリー、空っぽのカロリーとも言われます。人間は脳内でいろいろな物質のやりとりをしていますが、その物質を作り出すためには栄養素が必要です。例えば脳から体の各部位に指令を出す役割を持つホルモン。血糖値を下げるホルモンや女性ホルモンなどいろいろありますが、これらも栄養素がなければ作られません。脂質から作られるホルモン、タンパク質から作られるホルモン、いろいろです。さらにその作る過程において、ここでビタミンが必要で、ここではミネラルが必要で、と何段階もあります。食べたものを一度分解し、吸収して、そこからまた部品を組み立てるように、ホルモンが作られるのです。

江原　ホルモンは勝手に分泌されるようなイメージを持っていましたが、確かにそうですね。ホルモンを生成するためには、食べることが必要だと、今さらながらに気づきました！　ということは、本《もと》を正せばやはり食が相当に大事だということですね。

圓尾　ええ。たぶん当たり前のように体がやってくれているので、ふだんは意識しないのでしょう。

江原　多くの人は、食べることの重要性を忘れています。体も心も豊かになるためには、やっぱり何を食べるのか、常に考えないといけませんね。

圓尾　お腹が空いたら食べたいものを食べる、安売りしていたからコレを買って食べる、というのでは、なかなか健康な体は作れないと思います。英語で「You are what you eat.」という言葉があるのですが、「あなたは食べたものでできている」という意味でその通りだなと思います。

## 食によって思考も変わる

江原　ホルモンの乱れによって人格まで変わる、という事例は私も知っています。思考も含め、人生を狂わせる可能性が食にはあるのです。もちろんすべてとは言いませんが、例えば食を変えればいじわるな気持ちが緩和するというか、いじめなどが減るようなこともあるのではないでしょうか。

圓尾　私はあると思います。最近、腸内環境の研究が進んでいますが、人の性格も腸内細菌が決めているのではないかと言われているのです。

江原　腸は第二の脳と言われていますね。

圓尾　まさにそうなんです。食べるものを変えれば、腸内環境が変わって、性格も変わるというのは、あり得ると思いますよ。

江原　私はひとつ危惧していることがあるのです。最近、筋肉を鍛えるためにタンパク質だけを摂ったり、ダイエットで糖質制限をしたり、まるで体を機械のようにとらえている人が増えているような気がするのです。それは自然なことではないですから。

圓尾　自分に必要なものだけを体に取り入れる、という傾向はありますね。

江原　味覚でちゃんと味わっているのかな、それでおいしいと思っているのかな、と疑問です。そもそも必要な栄養素だけ摂るという食事で、体は大丈夫なのでしょうか？

圓尾　大丈夫じゃないですね。というのも、人間に必要な栄養素はまだ完全にはわかっていないのです。

江原　えっ、それはどういう意味ですか？

圓尾　栄養学は食糧不足、栄養不足をどうするかがスタートだったので、現代のような肥満や生活習慣病といった〝過剰〟も含めた研究となると、歴史が浅いのです。そういう意味では、栄養学はまだ発展途上な学問と言えるでしょうね。

江原　食べる科学としてはあいまいで、まだ未科学だと。なんでもそうですが、今あることを鵜呑みにし過ぎてはいけませんね。
圓尾　本当にそう思います。よくエビデンス、科学的根拠などといいますが、それだけを重視すると逆に偏った、限定的な見方になってしまうと思います。
江原　スピリチュアルなことにも通じますので、すごくよくわかります。
圓尾　やはりバランス感覚というか、歴史や経験というのは大事だと思うのです。人類は飢餓の時代のほうが圧倒的に長いですが、それで生き延びてきた歴史があります。最近、日本人研究者がノーベル賞を受賞したことで注目された、オートファジーというメカニズムがあります。体が飢餓状態になると、細胞内で古いタンパク質などが分解され、新たなタンパク質が作られるリサイクル機能で、ファスティングによって体が活性化することの裏付けとしても話題です。
江原　オートファジーと自己免疫力のつながりも注目されていますね。誤解を恐れずに言えば、昔にあった飢饉《ききん》もあながち悪ではなく、自然の摂理のなかでは浄化の時期だったかもしれません。
圓尾　ええ。人間の体が、飢餓状態を前提に作られてきたわけで、常に満腹状態の現代は、だから病気が増えているんじゃないかと、僕も気づきました。
江原　命を脅かさない程度の飢餓は必要かもしれない。それに現代ではどうしたって、農薬も添加物も口に入ります。かといって必要以上に避けることもストレスになります。

圓尾　最近では食べるプラスチックと言われるトランス脂肪酸なども問題です。とくに日本は海外より、農薬や添加物の基準値が緩い部分がある。余分なものを体外に出す手段として、ファスティングはひとつの手段になりますね。ファスティングによって消化吸収のエネルギーを、体内浄化、細胞の浄化に振り替えられますからデトックスが促されます。

江原　さらに自己免疫力もアップするから、その後は余分なものが入ってきても闘う力があるというわけですね。

圓尾　そうなんです。

江原　満腹が続けば、細胞の掃除もできない。文明も同じで、文明の利器に頼りすぎている現代人は、だからイマジネーションがなくなっていると言えますね。食のオートファジーで自己免疫がアップするのですから、文明の利器のオートファジーも必要かもしれません。

## 日本人に和食がいちばん合う理由

圓尾　その土地の人々がどんな食生活をしてきたかという食文化は重要です。日本ならばいわゆる和食。これまで日本人は和食で生き延び、体も和食で作られている。それこそがエビデンスではないかと。だから個人的に栄養士は食の歴史を学ぶべきだと思っています。

江原　すばらしい考え方ですね。西洋の栄養学では日本人の食の歴史と合わない部分があると、思われますか？

圓尾　ええ。人種が違えば、遺伝子も腸内環境も違います。とくに日本人は独特な食生活をしてきたので、世界的に見ても似ている地域はあまりないのではないでしょうか。

江原　具体的にはどのような特徴がありますか？

圓尾　お米を食べる稲作文化はアジアに多いですが、そのなかで日本人は肉をあまり食べません。古くから四つ足の動物のものは食べない、という文化があったのです。戦国時代に日本にいた外国の宣教師が書き残した書物には、日本人の食生活について「牛乳を飲むは生血を吸ふが如しとして敢て用ひず」とあって、日本人が牛乳を口にしていなかったことも記されています。

江原　それなのに戦後は、給食にも牛乳が出るようになりました。

圓尾　果たして日本人の体に合っているのか、疑問が残りますね。

江原　歴史をたどると、食べていたものはなんでしょうか？

圓尾　肉と乳製品がないままでは、おいしさとしては半減するでしょう。そこで生まれたのが日本のダシ文化なのです。また、昆布やわかめなどの海藻類を食べるのも日本人の特徴です。日本人の腸には海苔を分解する菌がいるのですが、海外の人には非常に少ない。これもずっと食べてきた日本人の歴史があってのことだと思います。

江原　それはすごく重要なことですよ。最近、あるお母さんからこんな話を聞いたのです。保育園の給食で、塩分量が低いからという理由で、味噌汁ではなくコンソメスープを採用する動きがあるのだそうです。味噌といえば日本人のソウルフードなのにゆゆしきことではないですか。

圓尾　教育現場の給食に関しては、私も思うところがいろいろあるのですが、味噌汁に関して言えば、味噌汁は高血圧につながらないというデータがあります。発酵食品だからかどうかは研究段階ですが、どうやら味噌は特別らしく、さほど塩分を気にしなくてもいいようです。だからといって摂りすぎていいわけではなく、塩分自体を減らす工夫もできます。ダシをきかせたり、具材を多くすると味噌の量は減らせます。また野菜に含まれるカリウムは塩分を体外に排出するので、具材を選ぶことでも対処できます。

江原　健康ブームでいろいろな情報が入ってくるとカオスになり、振り回される人が増えます。栄養学から見て、食べ方などで誤解があると思う点はありますか？

圓尾　誤解と言うほどではありませんが、ヨーグルトが腸にいいというイメージを持つ方は多いですね。でも乳酸菌は和食の漬け物にも多く含まれています。必ずしもヨーグルトでなくていいんですよ。

江原　じゃあ日本人は、栄養素的にも和食で十分ですね。私たちは和食が日本人の体にいいという事実を、再認識すべきですね。

圓尾　僕も、日本人はもっと和食に立ち返るべきだと思うのです。和食をもっと食べることで、お米を始め自国の食材の需要が高まれば食料自給率も上がります。例えば小麦の輸入が減るだけでも、輸送にかかる燃料が減り、地球環境にもいいですしね。

江原　他国からの輸送には時間がかかります。それがために食材にカビが生えないよう、農薬を使う場合もあると聞きました。そう考えると、和食を食べて、自給率を上げるのはいいこと尽くめですね。

圓尾　個人的に、和食が健康にいいという実感もあります。実は僕自身、和食中心の生活にしてから1年ほどで、35度台だった体温が、37度台まで上がったのです。

江原　そんなに!?　体調が良くなった実感もあるのですか？

圓尾　ええ。風邪をまったく引かなくなりましたし、お腹の調子も良くなりました。

江原　冷えは良くないと言うように、体温が上がると健康につながるんですね。

圓尾　免疫力も上がりますし、体内酵素の働きも良くなります。血流も良くなりますし。僕自身、以前より疲れにくくなったと感じます。

江原　具体的には、どのようなメニューにしたのですか？

圓尾　それまでは朝食はパンとヨーグルトで、全般的に洋食が多かったのですが、それを玄米と味噌汁、おかずは肉より魚にしました。乳製品やパンはほとんど食べなくなりました。野菜も生野菜のサラダより、煮物や汁物、蒸したり、ゆでたり、温野菜にしました。あとで気づいたのですが、それまではどちらかというとマイナス思考だったのが、前向きになって、考え方も変わったんですよ。

江原　いろいろと変化があったわけですね。

圓尾　季節のものを食べるのは、和食の特徴のひとつです。旬《しゅん》のものを食べることは、健康面でも理にかなっています。まず栄養価が高い。そして夏は水分が多く、体を冷やす食材が多いなど、旬のものを基本に食事を考えるとそれだけで体に優しいのです。

江原　私はスイカが好きですが、夏にしか食べられないと思うと、楽しみですし、感謝が湧きますよね。その季節が過ぎれば、次の季節にまた新たな旬のおいしいものが出る。それを楽しみに日々過ごすだけで、うつにはなりませんよ。

圓尾　本当にそうですね。僕は学校を卒業してから、添加物や農薬に関しても意識が向き、勉強しました。食材に興味を持ち、どういう人がどこで、どうやって作っているのだろうという興味から、意識が向いたのです。こだわって作られたものだと知ると、ただのにんじんだ、お醤油だという以上に、食べたときの満足感や充実感が違います。まずい、おいしいだけじゃなくて、食事の質、食べるという体験の質も上がるのです。

江原　食べることへの感謝、そして歓びはとても大事です。ですから和食じゃなきゃダメと思い込むのも不健康で、食べたいときは洋食も食べていいと思うのです。ただ基本となる軸は大切にしたいですね。お米を食べて、家で味噌や漬け物を作って食べてという食事は、添加物や農薬の心配も少なく、安全です。なんにも振り回されずに、生きていく基本となると思います。

# 第4章 本当のあなたで生き、そして死ぬために

## 物質界との向き合い方

### 《物質主義的価値観の終焉》

自己憐憫で言うのではありませんが、現実を見つめると、私たちはいかに気の毒な時代に生きているのかがわかります。ここまで身の回りのさまざまなストレスについて分析してきましたが、そんなことすら些細なことのように思えるくらいです。

「もっといろいろなストレスがあるけれど、どうしたらいいの?」と思う方もいらっしゃるでしょう。

乱暴な言い方ですが、大きな時代の流れを見れば、些細なストレスは戯《ざ》れ言《ごと》に過ぎません。もっと言えば、些末なことにストレスを感じている余裕などないほどに、今は切羽詰まった状態

なのです。

ストレスひとつとっても、50年前のストレスと今のストレスでは、まったく深みも広さも違います。カオスと言ってもいい状態で、どこからどう手をつけていいか、誰もわからないのではないでしょうか。

そしてそのカオス状態のストレスは、ひと言で言うなら物質主義的価値観に過ぎません。物質的な執着を私たち自身が捨てることでしか、光は見出せないのです。

『子どもが危ない！』『いのちが危ない！』を通して、「物質主義的価値観の時代はもう終わりですよ」と警鐘を鳴らしてきましたが、まだ気づけていないのが今の私たちです。

きっと頭では「そうだよね。物より心が大事だよね」と思いながらも、どこかピンときていなかったのでしょう。でもそうやってのんきに生きてきた結果は一目瞭然です。

現実に目を向ければ、とても残念なことですが、日本の10代後半〜30代の死亡原因の1位は自殺です。

しかも先進国のなかで、若い人の死亡原因で自殺がトップとなる国は日本だけ。これを異常とは思いませんか？

直接の自殺理由は人によってさまざまでしょう。しかし、たましいの視点から見ればさもありなんと思う部分もあるのです。

いい空気も吸えない。食事も健康的とはいえない。人との関わりはどうかといえば、ＡＩに向かって「おはよう」と言うような現状で、正常な愛念を保てるとは思えません。

こんな世の中で、そこまでして生きていたくないと思うほうが当たり前で、それでも生きているほうがどこかおかしいのではないか、と思ってしまうくらいだからです。

今の若い人たちは、たましいが清らかです。だから現実にはない理想郷のようなアニメの世界に没頭してしまうのです。自殺しないまでも、純粋なたましいを投影できる二次元の世界に逃避する気持ちは、とてもよくわかります。

しかし私たちはこの世を生き抜かねばなりません。この物質界で、それも本当の自分というものを保ちながら生きるためには、どうしたらいいかを探ってみましょう。

## 《血肉の時代は終わった》

誰もが薄々気づいていることがあります。それは「血肉の時代は終わった」ということです。今の日本を見ても、もはや親子関係は崩壊し、家族もバラバラという状態だというのは、おわかりでしょう。

進化した人間というのは、親きょうだいという血縁にこだわることなく、地球家族という意識で生きていく、そんな生き方にたどり着きます。

つまり、いかに人々が共同体として生きていくかが、私たちに突きつけられている課題なのです。

そもそもたましいの視点で見れば、血縁のある家族といえどもたましいは別です。そして私たちはグループソウルという、大きなまとまりの一部分として存在するたましいであり、すべてのたましいは一体です。

ですから地球家族、共同体という考え方は、たましいの視点から見てもなんら矛盾しません。これほど毒親や、家族関係の崩壊という学びが顕著になっている現状を見ると、血肉の時代が終わり、新たな共同体へと進む流れが、なかば強制的に起こっているようにも思えるのです。

## 《スピリチュアルの上澄みだけでは意味がない》

講演会などで私は、スピリチュアルな視点を持つには、地に足をつけて生きなければならないと、よく話します。

スピリチュアルなことを求める人の多くは、自分で考えることもせず、依存する人が多いからです。考えなくて済むようにと、スピリチュアルに逃避するのです。

努力せずして現世利益《げんせりやく》を求める人が、いかに多いことか。

私は街中で「パワーください！」と握手を求められることがあります。まるで給油か何かと勘違いしているようなので、笑いながら「パワーはありませんよ」と言います。仮にあったとしても、人からもらったものはすぐになくなってしまいます。

それよりも、泉のように自らでパワーを湧かせることが大事なのです。

私がお話しするスピリチュアルな法則やたましいの視点は、そう伝えているはずなのに、どうやら多くの方の耳には自分に都合のいい部分しか残らないようで、とても残念です。

私は霊的真理というスピリチュアリズムの絶対法則をお伝えしていますが、スピリチュアリズムとまったく関係のない〝スピリチュアルっぽいもの〟も、この世にはたくさん流布されています。まさに玉石混淆《ぎょくせきこんこう》です。

神様がこっそりあなただけに教えてくれる、しっくりくるあなただけの神様がいる、願いが叶う祈り方のコツ云々。

神様が誰かにこっそり何かを教えることなどあり得ないのに、知りたいと思う人がたくさんいるのです。

逆に「自分の力で生きる」だとか、「地道に」「努力」といった言葉は聞きたくないのでしょう。だから心地いい言葉ばかりを受け入れ、耳の痛いことはスルー。まさにこの世は物質主義的価値観にとことん浸かっているのだと実感します。

でもよく考えてみてください。

あなたがストレスに直面し、そのストレスをなくしたいとひたすら祈るというのは、あなたは何の努力もせずに、幸せを得ようとすることと同じです。

もしあなたが仕事で必死に努力しているのに、何の努力もせずにどんどん昇進していく人がいたら「あの人って理不尽！　何もしていないくせに」と思うのではありませんか？　でも立場を変えれば、祈るだけでいいことが起きるのも理不尽。同じなのですから、あなたは文句を言えないはずです。

自分がタナボタを望んでいるなら、他人のタナボタを羨むことはできません。理不尽なことで幸せを得ることがまかり通るならば、自分自身が理不尽な目に遭うことも良しとしなければならないでしょう。

物質主義的価値観という蜜の味に溺れて、このようにスピリチュアルの上澄みだけを都合良く拾っていると、本当のたましいの視点を持てなくなってしまうのです。

## 《物質界での主従は何か？》

「じゃあ物質主義的価値観がダメってことは、お金とか、出世とか、望んじゃいけないんですか？」と言いたくなるでしょう。

大事なのは「飲んでも呑まれるな」ということです。

お酒を飲んでも、自分をなくすほど飲みすぎてはいけません。お酒を飲むことそのものは否定しなくても、自分が酒に呑まれてはいけないと言うのと同じで、ポイントは主従関係なのです。

つまり、現世においての主はたましいであり、従は物質です。

お金で言えば、お金を道具として上手に使えるのは、たましいが主となっているから。しかしお金が主、たましいが従になると、物質主義的価値観バリバリでたましいの視点が持てない状態となります。

私たちは物質界に生きているのですから、物質を否定することはできません。お金も物も、従として上手に利用することがこの物質界を生き抜くコツです。

言い方を換えれば、たましいを主とする揺るぎない姿勢があれば、物を従としてコントロールできるはずなのです。

とくに最初にも述べたように、食と環境。この2つは物質界において、たましいに大きく影響を及ぼします。だからこそ、「飲んでも呑まれるな」のごとく、主従を間違えないことです。

「天地人」という言葉がありますが、これはまさしく環境、食、そして私たちを意味しています。そういう意味では、食と環境、この2つのあり方を見直し、自分たちの行動を変えるだけで物質界は大きく変わるのではないでしょうか。

## 《あなたはスタートラインにさえ立っていない》

ここでもう一度、「あなたは本当のあなたですか？」という問いかけを思い出してください。現実を知り、ストレスが何かも知った今、私たちはそろそろ目を覚まさなくてはなりません。人間である本来の自分を取り戻し生きていくために。

そうはいっても寝ぼけた状態から、いきなり覚醒とはいかないでしょう。体にいい食事を摂り、地道に生きていくしかないのです。

気の長い話だと思うかもしれませんが、最初の一歩を踏み出したらあとは歩き続けるだけ。今日からできることです。本当の自分を取り戻そうと歩み出すことで、ようやく私たちはたましいの視点で生きるスタートラインに立てます。逆に言えば、今まではスタートラインから外れた状態だったのです。

バブルで踊らされ、その崩壊で疲れ切り、それでもまだ物質主義的価値観を捨てきれなかった日本。東日本大震災で、電気が止まり、街のスーパーマーケットからは商品が消えました。その後、街に電気が灯《とも》り、食べ物が手に入ったとき、誰もが灯《あか》りがつくことの安心を感じ、「食べられるだけでありがたい」と思ったはずです。

身の丈に合った暮らしや、人々と助け合いながら生きる素朴な生き方を見直した人も多かったでしょう。

それなのにあっという間に原発は再稼働され、飽食に戻って、今やフードロス問題が取りざたされる始末。それはバブルを忘れられなかったからです。

少しだけ視点を変えてみましょう。

もしかしたらその思考さえも、フィジカルが受けたストレスの影響で、自分がたましいの視点を見失っていたことによるものかもしれません。そう思ったら、恐ろしくはないでしょうか。

卵が先か、鶏が先かというくらい、この問題の始まりには答えが出ません。

それならできるところ、最初の一歩から始め、目を覚ましましょう。

あなたはこの人生で、最後までクオリティ良く、生きたくはないですか？

そのために、体にいいものを食べたくはないですか？

いいものを食べるにはどうしたらいいか。いいものを選んで買うのです。

もう既に、プライベートブランドでオーガニック食品を続々と増やしているスーパーマーケットもあります。いいものを選んで買うことは、決して難しくはありません。

この世は経済至上主義です。消費者が望めば企業は作ります。売れるからです。

売れれば次第に品数も、参入するメーカーも増えるでしょう。そうすれば値段は安くなっていきます。それがマーケットのしくみなのです。

この世のやり方で世界のマーケットを変えることが、私たちにはできます。

## 《あなたがあの世で後悔すること》

この世にはたくさんの理不尽があり、純粋なたましいほどこの世に絶望しがちです。「もうそういうことを考えるとあきらめるしかない」と、自堕落にもなるでしょう。

たましいの視点から厳しいことを申し上げるなら、この世は通過点に過ぎず、この世での達成はないのだと、私は思っています。なぜなら、現世は修行の場、学校だからです。1つの学校を卒業しても、まだ上があるようなもので、達成はありません。

でも落第と卒業は違います。あきらめて途中で放棄するのはもったいないことなのです。最後まで生き抜いて今の学校は卒業する。そのために学生生活をいかに過ごすのかが重要です。ところが多くの人は、生きながらもその学びを放棄しているようなものではないでしょうか。スタートラインにすら立っていないと申し上げたこともそうですし、物質主義的価値観に流されたり、「今だけ、金だけ、自分だけ」でまるで死に逃げするかのようにこの世の快楽に溺れたり。もちろん自堕落に生きるのもそうです。

自殺という形こそとらなくても、卒業は目指していない状態です。

たましいの視点を持てば、命は永遠です。死に逃げしようと思ってもそれはできず、あの世に帰ったとき、「なんて無駄な生き方をしてしまったのだろう」と後悔するでしょう。

現世は修行の場ですから、理不尽や矛盾もあれば、妬《ねた》みそねみ、汚いこともいっぱいあります。現世というお風呂に入ったら、浮き出た垢《あか》でいっぱいになってしまうことでしょう。いじめを避けて転校しても、またその先で別の困難に出合うかもしれません。

そんな現世で、卒業に必要なのは、己の人生を味わい尽くせるか。いかに経験を重ねて、自分自身のたましいの姿をよく理解し、自分というものを貫けるか、です。

人は小我ですから、「現世というお風呂が垢だらけでも、ちょっとぐらいはきれいなお風呂に入りたい」と思うでしょう。

もちろん自分だけきれいなお風呂に入ることはできます。それは、自分が暮らす環境を良くし、体にいいものを食べ、心身ともに心地よく生きることです。

実際にそうやって生きている人が、今、増えています。

例えば賛否はあるにせよヴィーガン（絶対菜食主義者）を貫く人、モノを持たずにミニマムなライフスタイルを楽しむ人、自給自足のコミューンのようなところで生きる人もいます。そうした人たちが、自らの生き方をインターネットなどで発信したり、メディアで取りあげられたりもしています。

自分の環境を心地よく保ちたい、ライフスタイルを守りたいと思うことは、いいことだと、私は思います。それが意識の高いおしゃれな生き方として、日本のみならず、世界中で受け入れられています。そういう意味ではさまざまな生き方を選べる時代です。物質界で生きる私たちが、最後までクオリティ高く、そして心地よく生き抜くことで、幸せを感じつつ自分というものを貫くことはできるのだと思います。

## 生き地獄のなかで生き抜く方法

### 《究極の三択》

たましいの視点で今の世を見れば、生き地獄のようなものだというのは、十分おわかりだと思います。そして、そのなかで生き抜く方法はあるということも。

今、私たちに突きつけられているのは、究極の三択ではないでしょうか。

1．死を選ぶか、2．山にこもるか、3．ストレスに過剰適応するかです。

私が勧めるのは2番目の山ごもりだけです。

1を選ばないのは当然ですが、3は過酷な現状に無理やり適応しようとするがために、正常な愛念を保てず苦しいだけです。

2の山ごもりの道は、物質主義的価値観から距離を置き、山に限らず自然のなかで自分のできる範囲で生きること。もっとも幸せを感じられる選択なのです。

他の選択肢はないのかと思うかもしれませんが、スマートフォンやパソコンなどすべて捨てて、時代を戻るような生活を実践するというのは現実的ではないでしょう。

それよりも時代と折り合いをつけながら、最低限のITなどは利用しつつも自然のなかで生きる、山ごもりのような生き方がいちばん現実的で、幸せです。

実際に、IT企業が東京にいる必要がないからと会社を田舎に移転し、自然豊かななかで仕事をしている例もあります。少なくとも空気は都会よりいい。通勤時間も短いし、混雑もない。自給自足に近い状態で野菜が穫れたり、お米や魚なども地元のものが手に入れば、体にいいものを食べることもできます。

何より自然のなかで暮らすことで、精神的なストレスも軽減されるでしょう。

過疎地では家や畑をただ同然で貸してくれるところもあります。お給料が安いと言っても、そのぶん生活費も安く済むはずです。

そう考えるとIターン、Uターンは、まさに生き抜く道と言えるでしょう。

## 《あっぱれという生き方を選ぶ》

些細なストレスや日々の悩みなど戯れ言だと言いましたが、同様に「私の離婚は逃げですか、卒業ですか」のように、逃げか卒業かと選べるうちが幸せです。

もうその域を超えたところで、生きるか死ぬかの瀬戸際にいるような状態が、今の時代なのです。

そんな時代にせっかく生きて苦労しているのですから、有意義に人生を終えたいではありませんか。

同じ苦労するのでも、実のある苦労にしたいと、私なら思います。同じお金を使うのでも、自分に有意義な使い方をする生き金と、無駄に使ってしまう死に金があるように、同じ命でも、〝生き命〟とも言うべき使い方をしたいものです。

とはいえ、一回の人生で何もかもを完遂できるわけもありません。だから私たちは何度も生まれ変わりながら、取りこぼした自分の課題に取り組んでいるのです。仮にこの人生で逃げるようなときがあっても、それを学びにして、またチャレンジする。人生に無駄はありません。

やってはいけないのは、不幸になる三原則、自己憐憫、責任転嫁、依存心で生きることです。私はなんてかわいそうな人生を送ったのかと自分を憐れみ、あいつが悪いからだと人のせいにするのは、哀しい生き方です。そしてせっかくの自分の人生なのに、他に依存して生きるのも、ちっとも楽しくはありません。

大事なのは自分で考え、自分で決めて、潔く生きること。

人に参考意見を聞いたとしても、それを鵜呑みにするのは依存です。「思ったのと違った結果になった」となれば責任転嫁になるでしょう。これでは不幸です。

リサーチをするのも自分なら、考え、決めるのも自分。その結果、たとえ物質に呑まれて死んでいくような死に方を選んだとしても、自分で選んだのであれば、あっぱれと言って死ねるでしょう。

ただし選んではいけないのは自殺、そして安楽死です。

断っておきますが、安楽死と尊厳死は違います。

安楽死は自ら死を選ぶことですが、尊厳死とは痛みを取り除く処置は受けることはあっても、延命のための積極的な治療はせずに自然にまかせること。大きな違いがあるのです。

苦痛があまりにも大きくて安楽死を求めてしまうのであれば、緩和ケアをぜひ考えていただきたいと思います。

そこで改めて申し上げたいのは、「私はもう高齢だし、家族や周囲に迷惑をかけるぐらいなら安楽死を選びたい」という人がいるようですが、それは誤りだということです。

自分ひとりの問題だと思うかもしれませんが、そうではありません。その考えを同じように高齢の方が知ったら「私も人に迷惑をかけているのかしら。長生きしちゃいけないのかも」と思ってしまうでしょう。

病気で寝たきりの人が聞いたら、「私も生きていちゃいけないのかしら」と思うかもしれません。

遺伝的に優良なものだけを残し、あとは排除しようという考え方に端《たん》を発した優生論につながってしまう危険性だって、十分にあります。

残された家族や、安楽死に関わった医療従事者たちも、のちのちまで苦悩します。

「自分の問題だし、自分がよければいいでしょ？」とはいかないのです。

この世に生まれてきてはいけない命はなく、生きていてはいけない命もありません。私たちはあの世からお迎えがくるまで、生き抜かねばならないのです。

そして誰かのお世話になる人、お世話をする人、お互いが愛を学び合っていることにも気づいてください。

私とて、もし寝たきりになって誰かが迷惑だと言っても、生き抜きます。

それにたましいの視点で見れば、この世での人生は、まばたきほどにあっという間です。焦らずとも、誰もが必ず死を迎えるのです。お迎えがくる最後の瞬間まで、学んでこそ、あっぱれな生き方です。

## 満足して死ぬとは

### 《医療とどう向き合うか》

この世で生き、死ぬことと向き合うには、医療は欠かせない要素です。

私自身は、がんになったらどういう治療を選ぶか、逆に選ばない治療法は何かといったことや、終末期医療をどうするかなどを決めています。

常にアンテナを張り、どんな治療があるのか、副作用はどのようなものかはもちろん、薬について、日常の検査結果の数値の考え方などに至るまで、自分で情報に触れ、考えています。医学の父と言われるヒポクラテスについても調べ、その考え方を参考にしていますし、最新の医療についての情報もアップデートをしています。

私は過去に開腹手術を経験していますが、病気や治療が心にもたらす影響の大きさを痛烈に実感しました。

術前から鼻などに管を挿入されたのですが、そのとたんに「ああ、自分は病人なんだ」と自覚しました。そして術後、その管が外れたとたんに、もう病気を克服したような気持ちになったくらい元気になれたのです。その気持ちの回復が、傷の回復にもつながったと、自分で思うほどです。

病気や治療によって得た経験と感動は、貴重です。これからなんらかの治療を受けるときには、このときの経験が参考になると思っています。

もちろん私の考えは私自身が経験したり、自分が調べて、学んだりして、決めることです。誰に対しても同じようにしなさいとは申しません。

私が言いたいのは、医療のことは医者にまかせておけばいいという時代は終わり、今は患者も自らで学ぶ時代だということ。

読者の方も、身近な人ががんやそのほかの病気で治療を受ける姿を見ていらっしゃることでしょう。残念ながら亡くなることもあったはずです。そうしたことから、病気や治療について情報を得たり、考えたりする機会を得たと想像しますが、とても大事なことだと思います。

「私はどうしたらいいか迷ってしまう」という人でも、身近な人が療養する姿を見て、「こんな治療を受けたいな」とか、逆に「コレはイヤだな」と思ったはずです。それをもっと掘り下げながら、さらに正確な情報を学ぶといいのではないでしょうか。

残念ながら医者のなかには栄養学すら学んでいない人も少なくありません。古い知識や誤った情報を正すことなく、添加物が含まれた食品を薦める医者もいるのです。

また、がんの告知はしても余命宣告までは必要ないと考える患者に対して、「この治療をしなければあと半年の命ですよ」とうっかり言ってしまう医者も。

患者のためではなく、自分が責任を負いたくないために治療している医者がいるという現状があるのです。自分が知識を持ち、どうしたいかという軸を持っていないと、なすがままに医者が薦める治療を受けることになるかもしれません。

もちろん心あるお医者さんもいらっしゃるでしょう。でもどんな医者に対しても、患者側が丸投げではいけないのです。誰もが考えること。そして怠惰にならず、自分で勉強することです。

満足して死ぬには、自分でやるだけやったという気持ちになれることが大事でしょう。

そのために治療についても、自分でカスタマイズするのです。

「点滴を打ちましょう」と言われたら、「ちょっと待ってください。それは何の点滴ですか?」と尋ねる。自分で勉強していれば、「それは必要ないです」という場合もあるかもしれません。

## 《医者にかかるときの心得》

「もっと詳しく説明してくださいますか」「この薬は何のために必要なのでしょうか」と医者に尋ねたとき、詳しく説明するどころか「私のことが信用できないんですか」と医者に言われたらどうしますか?

私ならば、別の医者を探すでしょう。一から探すのは面倒などと思ってはいけません。治療の根拠を説明しないような医者に、命を委ねるわけにはいかないのです。

治療方法について、別の病院でセカンドオピニオンを受けようとすると、「別の病院に行くなら、もううちへは戻れませんよ。戻りたくてもダメです」と言う医者も少なくないとか。治療法を比較したいと申し出ただけなのに、拗《す》ねた子どもがいじわるを言っているかのようです。やっぱり元の病院で治療を受けたいと思っても戻れないなんて、患者のためにもなりません。

私なら「それなら結構です。二度と戻りません！」と言ってしまうことでしょう。そんな医者にかかるぐらいなら、潔く腹をくくって、選べる範囲での治療を受けるなりします。そのほうがずっと気持ちが晴れやかになって、体にもいい影響がありそうではないかと考えるからです。

私は患者ともしっかり向き合う医者がいることも知っています。そういう人ほど、薬ひとつ出す場合でも、合うか、合わないかをきちんと診ます。とくに精神疾患など、個人、個人に合わせて薬の量の調整が必要な場合、一方的な決めつけで薬を出しっぱなしということはありません。「どんな調子ですか？　じゃあ強くしましょうか？」と変化を見つつ、「なるべく減らしていけるように頑張ろうね」などと声かけもします。

患者側が丸投げではいけないというのは、医者に依存してはいけないということ。依存すれば、なんでも医者のせいにしてしまいがちです。せっかく患者に丁寧に寄り添う医者がいても、患者の丸投げが元で医者が批判されてしまう例もあります。

そうなると医療者側はどうしても守りの態勢になり、責任回避をするようになります。結局、患者側が自分で自分の首を絞めるような流れになってしまうのです。

病気と向き合うのは自分です。医者にはそのサポート役として手を貸してもらうということを忘れてはならないでしょう。

# 第5章 ストレスを癒す新たな視点

## 憑依の脅威に打ち克つには

### 《フィジカルなストレスの対処は簡単》

この世はストレスに満ちており、フィジカルなストレスはカオスとも言えるくらい多種多様です。それが憑依と無関係ではないことも、既にお話しした通りです。

しかしフィジカルなストレスへの対処は、いたって簡単。自分で自分の環境を変えればいいのです。

例えば原発が心配なら、海外も含め原発のないところへ移住すればいいでしょう。もちろんそれには代償というものが付いてきます。仕事も変えなければならないでしょうし、海外なら言葉の問題もあります。パワーバランスですから、何かを得れば、何かを失うのは仕方ありません。

電磁波から離れたいと思ったら、電子機器を使わない生活にするか、電磁波の届かない場所を探して移り住むのです。不便さがあるでしょうが、それもパワーバランスです。

でもそのストレスが、自分にとっての負荷なのか、それとも害なのか、あるいはわがままなのかをよく分析することで、対処方法やパワーバランスも変わります。重要なのは自分のなかでそれらをしっかり仕分けすること。そして責任主体で自分の環境を変えていくことです。

この章では、自分で対処できるストレスの癒し方について、あらゆる角度から探っていきます。

## 《フィジカルとスピリチュアルは両輪》

たましいを癒すというと、スピリチュアルなことばかりを考えるかもしれません。そこでフィジカルなことを抜きにはたましいの癒しは得られない、両方はつながっているという視点を忘れないようにしましょう。

第2章でも述べましたが、肉体のコンディションがたましいに影響を及ぼすことは珍しくありません。ですからきちんと肉体をメンテナンスし、癒してあげましょう。

私はかつて、個人カウンセリングを行っていました。「体調がすぐれない。何か霊が憑いているのではないか」と言う方には最初に、「病気の診断はしません。まず病院に行き、診断を受けたうえでいらしてください」と申し上げていました。それは、病とどう向き合うかの相談は受けるけれども、医者ではないから診断は一切できないという意味に加え、フィジカルのメンテナンスをするという基本を怠らないでほしい、という意味もあるからです。

いまだにスピリチュアルとフィジカルを分離して考え、フィジカルのメンテナンスをおろそかにしている人が多いと、感じています。現在は個人カウンセリングを行っていませんが、公演などで客席からの公開質問を受けることがあり、如実にそれを感じるのです。

例えば「毎年、夏の暑さにバテてしまいます。乗り越えるにはどうしたらいいでしょうか」とおっしゃる方。私の書籍などもお読みのようなので、書籍で紹介している鎮魂法や卵オーラ法といった呼吸法を挙げ、「呼吸法を毎日、行っていますか?」と尋ねます。

すると「ときどきやっています」という答え。

大切なのは「ときどきやる」ではなく、「毎日やる」ことなのです。

このような方は珍しくなく、どこの公演でも「やっていません」「ときどき」といった答えがほとんどです。

確かに体のメンテナンスを毎日行うのは大変でしょう。簡単に御利益を得たいというのと同じで、スピリチュアルなことに逃げたほうがラクかもしれません。

でも気合いで乗り越えるなど無理なことですし、私は魔法使いでもなく、「えいや!」となんとかするのも不可能な話。

自分で毎日、呼吸法や体力の底上げを実践し、積み上げていくことが大事です。厳しいことを言えば、自らがフィジカルなアプローチをちゃんとしていなければ、私がいくらスピリチュアルなアプローチでのアドバイスをしたところで、あまり意味がないのではないかと思います。

フィジカルな視点での癒しもぜひ身につけてください。そして、「健全なる精神は健全なる身体に宿る」の通り、日常から自分で肉体と精神をつなげて考え、実践していただきたいのです。それこそが憑依の脅威に立ち向かう一歩です。怠惰な土地に花は咲かない。この言葉をたましいに刻みましょう。

## 今日からできる「いろはにほへと」

日々、気をつけるべきことを「いろはにほへと」と関連づけて挙げていきます。今日から心がけ、また実践して、ストレスを癒す暮らしにしていきましょう。

### 《い：いいものを食べましょう》

体にいい食材を選び、食べましょう。

添加物や農薬などをなるべく避け、どのように作られたり、飼育されたりしたものなのかにも注意を向けましょう。

スーパーマーケットやコンビニエンスストアで売られている商品などは、原材料名が記された欄をよく見てみてください。そうするといつもコーヒーに入れていたコーヒーフレッシュが、実はミルクではなかったことに気づいたりします。

「保存料って何?」「乳化剤って?」「これは成分しか書いていないけれど、何の目的で使われているの?」など、わからない成分は自分で調べてみましょう。

生協やオーガニック商品を扱っているお店を利用するのもいいでしょう。だからといって安心はしないことです。「こだわっている店だから大丈夫だと思って買った商品だけど、けっこう添加物が入っていた」ということはよくあります。だからそのお店がダメというのではなく、いつも自分が注意して選ぶ姿勢が大事です。

そして、毎日の食事で「ま・ご・わ・や・さ・し・い」を取り入れてください。

ま…豆類、ご…ゴマ・ナッツ類、わ…わかめ・海藻類、や…野菜、さ…魚、し…しいたけ・キノコ類、い…芋類。

栄養が偏らないようにするのも、体にいいものを食べることです。

いいものというのは、高級な食材という意味ではありません。質素でも体にストレスのかからないものがいいものなのです。

## 《ろ：いい呼吸でエナジーを濾過しましょう》

いい呼吸とは、体のすみずみまでエナジーが行き渡るような深い呼吸のことです。いい呼吸ができると悪い気を吐き出し、いい気を取り入れることができます。エナジーの濾過《ろか》になるのです。

スマートフォンがこれほど普及し、誰もが画面操作のために前屈みになっていますが、いい呼吸を妨げる原因と言えます。前屈みで猫背になると、呼吸をしても肺が広がりません。呼吸が浅くなるのです。

その姿勢がクセになると、いざ深呼吸しようと思ってもできなくなります。自分では吸っているつもりでもまったく深呼吸ができていないという人は、実際にもかなりいます。深呼吸ができないと、体をリラックスさせられません。何が深呼吸で、リラックスかも実感できてないので、体の力を抜くことさえも自分でできなくなります。

そのため心がふさぎ込んでしまうなど、メンタルへの影響が表れることも。声が小さく、気持ちが落ち込みがちという人は、呼吸も浅いのです。

スマートフォンの長時間使用による猫背は呼吸以外にも、目、頸椎《けいつい》、腰、胃腸などへの悪影響が指摘されています。とくに目は視力低下のみならず、斜視などになる人もいるそうです。スマートフォンから離れ、自分の姿勢を見直すことが大事です。

## 《は：腹で笑いましょう》

お腹の底から笑うというのはとても大事なことです。お腹から笑う人は、お腹から声が出る人。いい呼吸もできているでしょう。

そして笑いはいちばんのお祓いでもあるのです。

お腹から声を出す人、お腹の底から笑う人で、憑依されている人はいないと言っていいでしょう。元気に明るく「私、憑依されているんです！」と言う人はいません。

憑依されている人はたいてい声が小さく、明るい笑いもない。逆に言えば、そういう状態だから似たような霊が寄ってくるのです。

私はよく講演会などで「笑えないなら、鏡で自分の顔を見てごらんなさい。誰でも笑えますよ」と冗談交じりに言います。そうすると会場は笑いに包まれます。明るいエナジーが広がるのです。

日々、「ワッハッハー」とお腹の底から笑いましょう。鏡で自分の顔を見てでも。

## 《に：人間だと自覚し、自然のなかに生きましょう》

私たちは生きている人間です。人間は動物でもある。そのことを自覚すれば、今の生活が、どれだけ自然からかけ離れているかに気づくでしょう。

家のなかを見回しても、人工的な物ばかりに囲まれているはずです。動物なのに自然のなかにいないから苦しむのです。

何をしていいかわからないなら、就農しましょう。都会での仕事に疲れたなら、田舎で暮らしましょう。

土に触れ、自然に触れると元気になります。大地のエナジー、自然のエナジーを感じながら、自分が育てた作物を食べることで、どれほど元気になるでしょう。

もちろん農業を実際にやるのは大変です。でも頭で考えていても始まりません。やってみようという気持ちで一歩を踏み出すことが大事。とたんに波長がポジティブに変わります。

## 《ほ：仏のように眠りましょう》

仏のような気持ちで、安心した幸せな眠りがとれていますか？　仏のような寝顔で穏やかに眠れているでしょうか。

仏のような安堵した眠りは、「明日、また頑張ろう」という英気を養ってくれます。

体力の回復はもちろんですが、たましいの視点から見れば、睡眠している間は誰もがたましいのふるさとに里帰りします。そこでたましいが癒されたり、元気を蓄えたりするのです。

睡眠時間が多くても、深い睡眠、いい睡眠をしているとは限りません。悪い夢を見る、変な寝方をして寝違える、自分では気づかないけれど顔をしかめて寝ているという人も。

寝る直前までパソコンに向かっていたり、スマートフォンを見ながら寝落ちしているようでは、当然いい睡眠へと入ってはいけないでしょう。

また心にトラウマや悩み、ストレスなどいろいろ抱えていれば、安心した眠りにはなりません。

いびき、睡眠時無呼吸症候群、歯ぎしりや食いしばりなどが睡眠に影響することは知られていますが、自覚のない人は多いのです。

私自身、歯医者さんに「歯が削れていますね。歯ぎしりをしているのでは？」と指摘されて気づきました。それ以来、マウスピースをして寝ていますが、もちろんこれは対症療法だという自覚は持っています。

対症療法をしつつ、いい睡眠を確保しながらも、いずれマウスピースなしに仏のように眠れるよう、根本的な改善を地道に続けることが大事です。

## 《へ：命へ、向き合いましょう》

命へ向き合うことは、あの世へ、そして愛する人へ向き合うことです。

あなたの命はあの世から続いている命であり、愛する人から続く命。自分は大きな流れのなかのひとつなのです。

それを思うと、「いつまでもこの世にいるわけではない」という自覚が芽生えるはず。限りある今の人生、今日をどれだけ充実して生きるかしか考えない。些細なことになんか振り回されるもんか。そんなヒマはないぞ。そう強く思うでしょう。

時間が限られた食べ放題のビュッフェで、自分が食べることに精一杯だったら、隣の人がお皿を落としたとしてもお構いなしのように。

極端なたとえだと思いますか？　でも同じように考えられない人は、食事も、日々の暮らしも、そして人生に対しても真剣に向き合っていない人だと、私は思います。

人間というのは身勝手な生きものです。動物や植物など他の命を勝手に食べているくせに、残すのも平気。日々の食事だって平気で食べ残すから、自分の命も、安楽死という形で平気で残すのです。寿命まで生き抜かないのです。

なぜ最後まで食べ、「ごちそうさま」と言えないのでしょう。

自分のお皿に盛ったものは、きれいに残さず食べる。最後の一粒まで食べて「ごちそうさま」を言う人は、自分の人生もきっと寿命まで生き抜き、命に「ごちそうさま」と言うはずです。

それが命へ向き合うということです。

そして静寂へ向き合うことを忘れないでください。

常に外を向いて情報収集しているばかりでは、自分を見つめることができません。また、静寂のなかで自分と向き合わない人は、他人とも向き合えません。

自分という軸を見失わないためにも、静寂と向き合いましょう。

## 《と：とっとと逃げましょう》

負のエナジーからは逃げるが勝ちです。怖いもの、危ないもの、命の危険を感じるものからはとにかく逃げましょう。

いじめなど人の心の毒からは逃げる。ブラック企業からも逃げる。食における毒は食べない。立ち向かってなんとかしようという捨て身の覚悟や、無謀なポジティブはいりません。実直やまじめという言葉による美化は、もう時代遅れだと思いましょう。

もちろん乗り越えられるものは努力すればいい。でも昔観たスポ根ドラマに出てくるような、根性論だけで乗り越えようとしても、越えられないものはあります。そんなものからはとっとと逃げる、放棄するのです。

私は学生時代、「苦しくても走れ」と言われて、息も絶え絶えに走り続けたことがあります。けれども、実はその苦しさは喘息だったのです。ひどい発作が起きていたら命に関わっていたかもしれません。

私たちが日々感じるストレスにも、同じようなものがあるかもしれないと、見方を変えましょう。

## 《フィジカルで癒しながら生き方も変える》

「フィジカルのメンテナンスが大事ですよ」と言うと、今度は呼吸法などをメソッドとしてだけとらえがちです。「こういう型でやればいいんですね」と。

何度も申し上げますが、どちらか一方ではなく、両輪で考えましょう。

本当の意味でのいい呼吸は、すべての生き方を変えてこそできるものです。

仏のように眠るために、マウスピースという対症療法を行っても、それが最終形ではありませんよね。マウスピースなしに歯ぎしりせず、仏のように穏やかに眠るのが最終形。

規則正しい生活にし、呼吸法も行い、食も整えて、生き方も変えてこそできることではないでしょうか。

そもそも自分が歯ぎしりしていることにも気づかない、いい呼吸ができているかもわからないという人はいるでしょう。そういう意味では、形から入るのもひとつの方法です。

「マウスピースをしたらよく眠れた」「呼吸法をやってみたら体が硬いことに気づいた」ということもあるからです。

そのきっかけも大事にしながら、フィジカルとスピリチュアルの両方をつなげていく基本は忘れないようにしましょう。

## 入浴・食事・メディテーションを本当のヒーリングへ

### 《なぜ人は温泉が好きか》

多くの日本人はお風呂好きで、温泉好きです。なぜこんなにも温泉が好きか。それはたましいが求めているからです。

お風呂や温泉に入ると毛穴が広がります。スピリチュアルなことで言えば、毛穴が広がるとエクトプラズムが出ます。汚れたエクトプラズムを出し、たましいがデトックスするのです。

お風呂に入って体内の老廃物を汗などで出すとともに、たましいもリフレッシュするから、人は入浴が好きなのです。

とくに温泉水は、大地を通ってわき出していますから、自然のエナジーがあります。温泉に入ると自然のエナジーを取り入れることになると、たましいが知っているのでしょう。ですから日本では温泉、海外ではスパが人気なのです。

## 《入浴で静寂と沈黙の時を得る》

心も体も癒すには入浴、湯船に浸かることが何よりおすすめです。

ところが最近は入浴せずに、シャワーだけで済ませてしまう人も多いようです。

シャワーだけでは体が温まらないので、毛穴がなかなか開きません。

また、湯船に浸かる時間は、静寂と向き合う時間です。たとえカラスの行水のごとく短時間だけ浸かるのでもいいのです。その一瞬の静寂を感じてください。

浸かりながらスマートフォンやポータブルテレビなどを観ないこと。静寂と自らの沈黙の時間を意識し、リセットしましょう。

その時間さえ惜しいと思う人は、静寂と沈黙の時間すら持てない今の生活、生き方を見直すサインだと思ったほうがいいでしょう。そのままでは自分を癒すこともできません。

最近は、浴槽がなくシャワーブースだけという単身者用のアパートもあるのだとか。そういうところに住んでいる方も、ぜひ銭湯などに行き、湯船に浸かる習慣を取り入れてください。

## 《具だくさんの味噌汁はたましいのご馳走》

食におけるストレスを避けるからといって、「肉は安心できないので魚とお米だけを食べています」では違います。また、「この人がこれを食べているから私も同じやり方で」は安易です。単なる依存や、中途半端な知識、イメージだけで行っては健康さえも損ねてしまうでしょう。

現代人は「忙しいから」という言葉をよく使いますが、それは言い訳です。工夫次第で食を整えることは十分にできます。

「ま・ご・わ・や・さ・し・い」を参考に、具だくさんの味噌汁を作ってみてはいかがでしょうか。

大豆からできている味噌。具材に野菜やきのこ、海藻、芋を入れ、カツオ節とすりごまを仕上げにかければ「ま・ご・わ・や・さ・し・い」を網羅できます。

乾燥わかめや海苔はストックとしてどの家庭にもあるのでは？　芋類も日によってサツマイモやジャガイモなどに変え、野菜も冷蔵庫にあるいろいろな種類を入れれば、バリエーション豊かで、栄養価も高くなります。

カツオ節はもちろん魚。小分けのものが売られていて手軽ですし、ダシも出ます。

ゴマは粒のままでは消化がしにくく栄養も吸収されないので、するなどして細かくしましょう。

このような具だくさんの味噌汁に、ご飯を加えるだけで十分なご馳走です。

ご飯は玄米なら栄養が豊富です。ただ食べ慣れなかったり、食べた後でちょっと胃が重いと感じる人も。そういう場合は、精米の度合いを少なくして栄養を残した分《ぶ》づき米や雑穀米がいいでしょう。

お米屋さんで精米してもらってもいいですし、いまは家庭用のコンパクトな精米器が売られており、分づき米を選べるものもあります。玄米で購入し、必要な分だけ精米すればおいしく食べられます。

具だくさんのお味噌汁とご飯。日本人の体になじんだ食事は、たましいが喜ぶご馳走です。

## 《自炊はメディテーション》

料理はメディテーションです。

ふだんから料理をする人はわかるでしょうが、料理をしている間というのは、無心になります。瞑想しているのと同じなのです。

メニューを考え、材料を準備し、段取りを考えて作り、片付けもし……。終わってみれば、料理をする前まで考えていたことは頭のなかになく、気持ちが切り替えられて、ストレスも解消されます。

仕事帰りに、夕飯のメニューを考えながら、必要な材料を途中のスーパーマーケットで買おうと考えるだけで、仕事モードから切り替わるでしょう。

家に帰って、料理を作り、食べ、後片付けまですると、生活に一連のリズムが生まれます。食生活が乱れるのは、そのリズムが乱れることであり、だから生活も乱れるのです。

作るのは、なんていうことのないメニューでかまいません。

私も時間があれば料理を作りますが手の込んだものではなく、野菜がたくさん入ったスープなど手早く作る男料理です。

それでも無心になって作り、気持ちよく、そしておいしくいただいています。

男性も、女性も、ぜひ自炊をしましょう。経済的ですし、添加物などを避けながら食材を選べますから、いいものを食べられます。フィジカルとスピリチュアル、両方の癒しを体感できるでしょう。

## 《料理をする人は人生を切り拓ける》

インスタントラーメンを作るとき、沸騰したお湯に麺を入れてから野菜を切ったり、器の準備などしていては、麺のゆであがりに間に合いません。

料理は段取りが大事です。ふだんから料理をしている人は、段取りを考えて手際よく作り、片付けまで無駄のない時間と動きを心がけます。

そういう人は、料理以外でも頭のなかを整理し、理論構築することができる人。きっと悩み事に対しても、自分できちんと問題点や反省点、これからすべきことを分析し、理論構築して解決へと導けるでしょう。

また、冷蔵庫の中にある食材や調味料を見て、その材料だけでご飯が作れる人は、臨機応変さや想像力がある人です。

レシピ通りの材料が揃っていないと作れない。レシピがないと細かい分量がわからないから作れない。その頑なさでは、人生に対しても柔軟に対応できません。うまくいかないことがあってもすぐ何かのせいにしてしまうでしょう。

この調味料を切らしているけれど、代わりにこっちの調味料を使えばおいしくなる。そうやって想像しながら、臨機応変に作れる人は、人生の壁に当たったときも「この方法がダメなら、この方法がある」と切り替えられるはずです。

味見をしながら塩梅を加減するように、人生のあらゆる場面で状況を見ながら、自分を調整できるのではないでしょうか。

「私って料理は得意だけれど、悩み事も多いし、人生もあまりうまくいってはいない」という人もいるかもしれません。

しかしそういう人も、このようにちゃんと素地はあるのです。自分の人生を料理するという視点を新たに持ち、しっかり考えながらひとつひとつ、向き合っていきましょう。

## 《理性的なたましいへ導くメディテーション》

メディテーションとは、感情的になりがちなたましいを理性的なたましいへと導くために行うものです。

座って行うメディテーションも、もちろん大事です。

姿勢を正し、無想無念になる。やってみて自分の姿勢が崩れていることに気づくことも多いでしょう。背筋を伸ばしながらも、肩の力を抜いてリラックスする基本姿勢が、簡単なように思えて、意外とできないのです。

入浴で、静寂と沈黙の時間が持てない人は、座って行うメディテーションもできないのではないでしょうか。ひとりでじっとしていられないはずです。

とくに、何かというとすぐスマートフォンを取り出してしまう人は要注意。ひと息ついたら、座ったら、などちょっとしたタイミングにこれといった用事がなくてもスマートフォンに触れて、何かしらの操作をするのがクセになっていませんか？

座って行うメディテーションと料理によるメディテーションは、陰と陽ぐらいに違うかもしれませんが、どちらも自分を見つめることができます。

子どもの頃は、誰もが電車やバスに乗ると、窓からの景色を眺めていました。しかし今はゲーム機やスマートフォンを眺めています。

以前、ハワイに家族と行ったとき、ハワイアンのおじさんが息子に言いました。

「お前、何をそんなにスマートフォンばかり見ているんだ？　目の前には美しい海があるんだぞ。ほら、人生の景色を見ろ」と。

さて、あなたは人生の景色を見ていますか？　自分を見つめていますか？

## 《祈りは自分を見つめる自分語り》

祈りのような、自分を見つめるひとり語りは、昔の人は誰もが行っていたのではないでしょうか。自分の心の内を語ることで、悩みを言葉化し、自分を分析しながら心の整理をしていたのです。

俗っぽいことは仏壇で言い、神棚では感謝を言うといった使い分けのようなことはあっても、神仏の前という場所は、いわば自己完結の場でした。他人に向けてグチを漏らすことはなく、せいぜい家族にひとり語りの場面を覗き見され、苦笑いされるくらいだったでしょう。

それが今の時代は、自己完結することなくインターネット上でつぶやいています。自分語りをしているつもりかもしれませんが、世界中に発信しているのです。

さらにSNSに、自撮りの写真とともに「自分、頑張れ！」という言葉を載せてしまう。神棚で神様に向かって「私、頑張ります」と言うならわかりますが、SNSに向かって「私、頑張れ」とは、己を誓う神様はどこに行ってしまったのでしょう。

内省のある神仏との対話という祈りは、自分を見つめる自分語りであり、メディテーションでもあるのです。

禅寺の宿坊に泊まり、静寂の中でメディテーションをするという体験をする人もいます。テレビもなく、静かな環境に身を置いて、自分と向き合うことはとてもいい体験になるでしょう。

しかし、テレビはいらないけれどスマートフォンは手放せないという人は多いのでは？「今、自分と向き合っています！」とSNSで発信するようでは、本当のメディテーションにはならないでしょう。

## 環境と音楽がもたらす癒し

### 《育つエナジーのある場所》

熱海などの温泉地とハワイは、世界中の人たちから人気で、日本人も大好きな場所。共通するのはいずれもパワースポット、文字通りパワーのある場所だということです。

温泉地は、大地から湧き出る温泉そのものがパワーにあふれていて、パワースポットとしてはわかりやすい場所でしょう。病気の人が湯治に行くのはもちろんのこと、疲れたときに「温泉行きたいな」と思うのも、そこがパワースポットだからです。

なかにはがん患者がこぞって湯治に訪れる温泉地もあります。温泉としてのパワーもあるでしょうが、加えてその土地自体のエナジーも強いから、多くの人が療養に訪れるのではないでしょうか。

ハワイも土地自体にかなりパワーがあります。

笑い話のようですが、ハワイで果物を食べ、そのまま種を地面に吐き出したら、放っておいても芽が出ると言われています。現地の人が「嫌がらせのように生えてくるんだよ」と言うほどに。

それくらいハワイは、育つエナジーに満ちた場所であるということなのです。

世界中からたくさんの人がバカンスに訪れ、何もせずにぼーっと過ごすだけで「癒される」と言い、リピーターも多い。心と体が育つ、保育器のような場所がハワイです。

ストレスフルな時代だからこそ、誰もがパワースポットで心身を癒したいのだと思います。

多くの人が混同しがちですが、スピリチュアルスポットとは神聖なる祈りの場所で、パワースポットとは違います。清い浄化のエナジーが満ちている場所がスピリチュアルスポットで、神社のあるところなどがその一例。

日本はいたるところにパワースポットとスピリチュアルスポットがあります。どの街にも鎮守《ちんじゅ》の杜《もり》があるように、祈りのない場所がないところはないほどです。古い街並みでは、道ばたにお地蔵様や道祖神などが残っていて、地元の人が散歩の途中でお参りをしている風景も見られます。

最近、日本にやってくる外国人観光客のなかで、中国人が多いと感じますが、同じアジア圏で訪れやすいという以上の理由があるように思います。

あれほど急発展している国なのです。きっと国民全体がかなりのストレスにさらされているであろうことは想像に難くありません。日本での癒しがほしいのだろうと、私は分析しています。

## 《環境が生きものを変える》

ハワイにある、先住ハワイアンたちが住む村を訪れたことがありますが、そこでは馬や犬が放し飼いにされていました。

闘犬にされるような攻撃的な性格で、放し飼いなど考えられないくらい凶暴と言われる犬種もいました。けれどもその犬たちは攻撃するどころか、近寄ると人なつこくついてくるのです。凶暴だなんて、みじんも感じることはありませんでした。

馬といい、犬といい、動物たちがなぜこれほどまでに穏やかに、ゆったりと暮らしているのか。

現地の人たちによれば、この環境のなかでは動物も、人も、みんなが穏やかになるのだと言います。

そう言われて、なるほどと思いました。

その村は、自分たちで家を建て、水を引き、自家発電で暮らすようなところ。ライフラインも不便で、都会暮らしにあるような〝便利さ〟はありません。

そのおかげかゆったりした流れのなかで暮らし、人も動物も自然とともに生きているのがわかりました。だから動物たちをつなぐ必要がないのです。

逆に緑も少なく、人工物ばかりで、何かに追い立てられるような窮屈な都会にいれば、人間も動物も凶暴になるでしょう。

環境がこれほど、生きものを変えるのだと、目から鱗《うろこ》が落ちる思いでした。ストレスの少ない環境がいかに大切かを、改めて考えさせられた経験です。

## 《本当の音楽とは》

私たちは実は、本当の音楽というものを耳にしていないのかもしれません。じゃあ何を聴いているのか。

電子音、あるいは電子音で作られた楽器の音、そして人工的に作られた歌声です。

電話の呼び出し音を始め、身の回りにあるあらゆる家電の操作音やアラームは、メロディがありながらもすべて電子音。ゲーム音もすべて、コンピューターで作られた人工的な音楽です。

アイドルが歌う声も、元の声がどういうものかわからないような声に加工され、逆にそれが「面白い」「カッコイイ」と人気になっています。不思議なもので、詐欺の被害に遭った人がインタビューを受けるとき、身元がバレないように声を加工しますが、それと同じような声にも聞こえます。でもそれが人気となる時代なのです。

そして今や生身の人間ではないバーチャルアイドルが歌い、当たり前のようにコンサートをし、オーケストラとコラボレーションまでしている。

そうなるとライブの意味はあるのだろうか、と思ってしまいます。

ライブというのは、毎回、違うからライブなのではないでしょうか。しかしバーチャルアイドルは、当然ながら毎回、同じ歌声、同じテンポ、同じ仕上がりで歌います。

生身のアーチストなら本人のその日の状態によって、「今日は調子がよかったよね」「いまいちだったね」などと違いが出ますし、それがライブの醍醐《だいご》味《み》となります。

会場のお客さんも毎回違えば、「今日はノリが、いまいちだったね」「会場全体がすごく盛り上がっていたよね」となります。もちろんそれによってアーチストのノリも違うはずです。

いつもなら感情に振り回されず、歌詞を決して忘れない歌手が、記念コンサートで思わぬサプライズに感動して泣き、途中から歌えなくなってしまった。すると会場中の観客が続きを歌うように大合唱になった。

そんなこともライブならではの出来事ですし、観客にとっても思い出として残るでしょう。

私もオペラ歌手としてコンサートやオペラのステージに立つ機会を得ますが、そのときに実感することがあります。それは会場の空気感です。

とくに連続公演の場合は、1日目と2日目では空気感がまったく違います。2日目になると会場に音楽がなじみ、オーラが染みこんだように会場のエナジーが変わっているのがわかるのです。それはまさにスピリチュアルな変化と言えるでしょう。

演者も観客も、毎回違う、その〝何か〟を感じ取り、相乗効果が生まれるからこそのライブです。バーチャルや人工的な音楽、音では、きっとライブ感はもちろんのこと、観劇の楽しみ、歓びは半減してしまうのではないかと思います。

## 《音楽はたましいにアプローチする》

音楽療法という言葉があるように、音楽を聴くことの良さは誰もが知っているでしょう。

赤ちゃんがお腹の中にいるときに心地よい音楽を流す胎教《たいきょう》を行ったことがあるというお母さんは多いのではないでしょうか。また、農場で野菜を栽培するときにモーツァルトなどを流すと野菜がおいしく育ったり、乳牛のお乳の出が良くなったりといったこともあるそうです。

そもそも音楽の起源は祈りです。西洋なら聖歌、日本でも経文を歌うように唱える声明《しょうみょう》があり、今もその流れは続いています。

音楽を聴くことはたましいへのアプローチであり、音霊《おとたま》というのは侮れないのです。

ですから音楽、それも本当の音楽を聴かなくなることには、大きな危惧があります。

街にあふれるのは電子音の音楽や車の騒音、宣伝のために大きな音をただ垂れ流すだけといったノイズばかり。

風の音や波の音といった自然の音さえも、かき消されているでしょう。

きっと「潮騒《しおさい》」という言葉を聞いても、どんな音か、想像できなくなっているのではないでしょうか。それは感性が失われていくということです。

肉体的なことで言えば、日々、電子音や爆音などのノイズにさらされていれば、繊細な音を聞き分ける耳、鼓膜の振動は衰えてしまうでしょう。

感性も同じです。

例えば、添加物など人工的なものを食べ続けると、味覚音痴になると言います。本当の味がわからなくなるのです。また、自然のなかで暮らすアフリカの人たちは視力がずば抜けて良く、ずっと遠くにいる動物が見えるけれど、都会暮らしに慣れた日本人には、まったく見えない。

それと同じで、本当の音楽を聴いていないと、自然の音が聞こえなくなってしまうのです。

よく田舎で暮らす人は耳が敏感だったりします。一緒にいるこちらはまったく聞こえないのに、遠くから来る何かの音に気づくことがあり驚かされます。本当の静寂を知っているからこそ、いろいろな音を敏感にキャッチできるのでしょう。

本当の静寂を知るというのは、感性を磨くにはとても大切なのだと、わかります。

本当の闇を知り、光を知る。素足で地面を歩き、土や草に触れる感触を知る。

そうした失われつつある五感、そして感性を取り戻すことは、大きな癒しをもたらしてくれるはずです。

## 《音楽と記憶から癒しを探る》

音楽と記憶が結びついていることを、ご存知の方も多いでしょう。

私は、認知症の方には、その方が若い頃に聴いた音楽や、子どもの頃に聴いた童謡などを聴かせるようにおすすめしています。実際に、懐かしい音楽を聴いた認知症の方が、意識がはっきりしたという例はたくさんあります。

スピリチュアルな視点から見て、認知症であってもたましいはその人のままであり、変わりません。ですから聴覚という肉体からのアプローチで音楽を聴くことによって、たましいが癒されることは大いにあるのです。

どうやらこの音楽と記憶の結びつきは、人だけでなく建物にもあるようなのです。それに気づいた出来事を、少しお話ししましょう。

熱海にある私のサンクチュアリ昌清庵《まさきよあん》は、歴史ある古民家を活かし、再生した建物です。登記簿の最初の記録は昭和初期ですが、それより前から建っていた可能性もあるほどです。

私は昌清庵で過ごすときに、音楽を聴くことがありますが、いろいろなジャンルの音楽をかけてみた結果、どうやら合う音楽というのがあることに気づきました。それこそ「しっくり」くるというような音楽です。

古民家ですからバロック音楽やクラシックかと思いきや、実はアメリカのフォークソンググループ、ブラザース・フォアの音楽。

彼らが活躍したのは１９６０年代。『グリーンフィールズ』や『花はどこへいったの』は日本でもヒットしたので、ご存知の方も多いでしょう。

彼らの全盛期の頃の曲をこの家でかけると、聞き飽きず、まったりと落ち着く。それでいて楽しい気持ちにもなるのです。それは、どこか家族の団らんを思わせるような雰囲気で、家族みんなが「幸せだね」と言っているような気持ちです。

私は、建物の記憶というのがあるのではないかと、ふと思いました。

この建物は歴史が長いだけに、所有者もたびたび変わっています。実は1960年代に所有していたのは音楽関係者でした。この家のその後の歴史をたどると、当時がいちばん家にとっても豊かで、華やかなときだったのではないかと想像できます。

当時、ブラザース・フォアがこの家でよくかけられていたかどうかは、知る由もありません。けれどもこの曲をかけたときに、ふと湧いた「この家にとっても、豊かな時代だったんだろうな」という思い。そのスピリチュアルな感覚から、可能性はかなり高いのではないか。つまり、家の記憶が音楽と結びついているのではないかと思うのです。

ご存知の方もいらっしゃるでしょうが、失礼ながらブラザース・フォアは私の音楽的な好みとはあまり一致しません。不思議なのですが、それでもこの家にはとても「合う」ので、気づけばいつもかけています。

そして曲を聴きながら、建物の歴史とともに受け継いできた人たちの人生、人と建物の関わりと輪廻《りんね》のようなものを感じるのです。

今、時代を経て私がこの家を受け継ぎましたが、幸せの記憶も一緒に受け継いでいるような気持ちがしています。

## 《なぜ今、レコードが復活しているのか》

私と同年代の方は、レコードというとなじみ深いでしょう。今は音楽もインターネットを介した配信となり、若い人たちはCDすら買わないようです。

ところがここ数年、レコード世代以外の若い方でもレコードの音が好きだと言って、密かなブームとなっているようです。

レコードの良さというのは、音の深みではないでしょうか。電子音で作られた音楽はどこか金属的で浅い印象ですが、レコードで聴く楽器や人の歌声というのは、深みを感じます。

私は、音の深みと思考は似ていると思います。

レコードが主流だった時代は、思考も深い時代でした。今は、音も思考も浅い時代で、どこか表面的な薄い印象です。

若い人たちがまたレコードに回帰しているのは、たましいで何かを感じているのではないでしょうか。温かみのある手触りのようなものや、深みというものを音にも求めているのでしょう。

音は単なる音ではなく、たましいに影響を与えます。音霊としての癒しを、誰もが求めているのです。

## 生き方に迷っているあなたへ

### 《幸せを味わう味覚》

もし幸せを味わう味覚というものがあるとしたら、ストレスフルになるとその味覚は鈍くなるのかもしれません。

例えば、ふとしたことで幸せを感じたという経験は、誰でもあるでしょう。これは、いわば薄味でも本当の幸せをちゃんと味わえている証拠です。

しかし、ストレスフルな生活を送っているとそれさえも気づけなくなり、薄味では「わからない」となる。幸せを味わう味覚が鈍くなっているのです。その結果、どんどん刺激を求めてしまうのではないでしょうか。

実際の食べ物における味覚で、もう少し説明します。

味覚では、辛みというのは味ではなく痛みという刺激です。

今は辛いものブームですが、なぜ人が辛みという痛みを欲するのかといえば、逃避したいからです。辛いものを食べて痛みを感じると、脳内モルヒネともいえるホルモンが出ます。痛みをマヒさせるためです。

ですから辛いものを食べると、恍惚としたようにぼーっとなったりします。それがまた次の辛いものを欲するのです。

ストレスがあるときに辛いものを食べて、ストレスを発散させるという人がいますが、発散させているようでいて、実はマヒしているだけ。

その自覚がないと、どんどんエスカレートして、辛みの強いものを求めるようになります。

人の悦楽も似ています。

新商品が出たり、流行っていると知ると、すぐに買ってしまう人。高額でもすぐに買い、そのときは「コレ買ったんだ！」と周囲に見せるほど興奮するけれど、別の新商品が出るとまた買ってしまいます。

悦楽は一瞬で過ぎ去り、しかも尽きません。お金を出して買うという痛みにも気づかず、次の悦楽を刺激的に求める。マヒしているのです。

ストレス発散で辛いものを食べるのと同じ。その新商品がなくとも、人生を楽しめるという薄味の幸せを味わうことが、もう難しくなっているのでしょう。あなたは大丈夫ですか？

この世にはさまざまな刺激がありますが、その正体は幸せの味覚をマヒさせる痛みかもしれません。それを自覚し、人生の味わい深さをちゃんと感じ取れるよう、自分を整えておくことが大事でしょう。

## 《捨てるという選択》

3日でいいですから、今の暮らしから離れてみてください。

都会に住んでいるなら、人里離れた田舎に行くのです。テレビも、スマートフォンもないところへ。

その3日間が耐えられないという人は、幸せを味わう味覚がマヒしていると思ったほうがいいでしょう。

想像するだけでは、「ダメ」「大丈夫」という実感は持てません。実際にやってみてください。

そして、自分できちんと判断しましょう。

とりあえず田舎に行き、何もない生活をしてみたら、「意外とできる」と思うかもしれません。

あるいは自分がマヒしているとわかり、それをきっかけに本来の自分を取り戻せる可能性も、もちろんあります。

私はよく息子に、「またスマホ、見てるぞ」と注意します。

本人も気をつけているつもりなのでしょうが、気づくとまた取り出して画面を見ている。座ってひと息ついたときなど、ちょっとしたタイミングでもです。

見かねて「なんでそんなに見るの?」と尋ねますが、必要があって見ているのではないようです。

気をつけているつもりでも、クセになっていて、気づいたときには依存。

多くの方が思い当たるはずです。

仕事でスマートフォンを使う人のなかには、「家に忘れて出掛けたらパニックになります。でもちょっとさっぱりした気分もあって、『連絡取れなくてもしょうがないよね。忘れちゃったんだし』なんて開き直ったりします」という人も。

それは携帯電話を持ち歩くことをしなかった時代を、知っている世代です。

あるいはマヒする前の原点を覚えている人。

生まれたときからファミコンがあり、パソコンがあり、携帯電話がある世代は、その原点を知らないのです。

あふれる情報に常に触れている状態が今の時代ですが、その情報は本当に必要なものなのかという疑問もわいてきます。けれども時代のせいにしても仕方ありません。ということは、これからは捨てるという選択も必要です。

テレビ離れが指摘されていますが、当然でしょう。つまらないと思えば見ない。それだけのことです。そうやって既に自分で取捨選択しているのですから、スマートフォンから離れることもできるはずです。

若者の死亡原因の第1位は自殺だと述べました。「なんでそんな些細なことで死を選ぶの?」と、大人たちは思います。でもこれは、人生の味わいがわからないことも関係していると、私は思っています。

マヒした自分から抜け出し、本来の自分を取り戻すきっかけをつかんでください。

## 《本当は何かを感じ始めている》

「今の若い人たちは」と、私を含め上の世代は言いがちです。でもそれほど若い人がダメなわけではありません。

もっと深く考察してみると、わかることがあるのです。

例えば就職して1年も経たないうちに「しっくりこない」と言って辞めてしまう人たち。確かに「何を言ってんだ、今の若いヤツは!」と思いますが、実は彼らは自分のなかの違和感に気づいて、そのような行動に出ているのでしょう。

「自分はこんなところで、あくせく働くために生きているんじゃない」「都会で生きていかなくてもいいんじゃないか」と。

もしかしたらそこまで明確なものではないかもしれません。違和感を抱いたままさまよう放浪の民とでも言うのでしょうか。ネットカフェで寝泊まりしたり、フリーターになったりして、何かを模索しているのです。

私は、生き方に迷っている若い人たちにいつも言っています。「田舎で就農してごらんなさい」と。もちろん漁業でも、林業でもいいでしょう。

「とにかく、そこから動いてみて」と言いたいのです。

体を使って働くのは疲れるけれど、土に触れ、汗を流したら、とても気持ちがよかった。

初めての農作業だったけれど、丁寧に教えてもらえた。

田舎暮らしが自分に合っていた。

やったことがないからわからないだけで、意外とやってみたら性に合っているということはたくさんあります。

そして私は地方の人たちにも提案したいのです。さまざまな地域でバスを用意してネットカフェなどに横付けし、若い人たちに「うちの村においでよ」とアピールしてみてはどうでしょうか。

都会のまんなかで、「食事と住まいと、仕事があります！」とリクルート。それでそのまま乗り込んでもらって、牧場や畑、田んぼに直行です。

経験がない人には農家がいろいろ教えてあげて、作業を手伝ってもらいましょう。「そろそろ嵐が来るから、こういう準備をしたほうがいい」など、最初は手取り足取り指導。そうすれば指導料が農家に入りますし、過疎地のお年寄りは寂しくありません。

何より、誰かから必要とされるというのは人にとって、とても大事です。

農家はこれまでの経験と知識で頼られ、若者は農業の担い手として頼りにされる。お互いにとってプラスです。

どこでどうしていいかわからないけれど、今のままでいいとも思っていないという人は、潜在的に多いと思います。何かを感じている人たちの心には、そんなやり方でのアピールが、実は響くのではないでしょうか。

## 人は壁にぶつからないと気づけない

### 《「もうイヤだ」と思うことが大事》

いろいろな不調があっても、それが食などフィジカルなストレスのせいだとは気づかなかった。実は今も半信半疑だ。

あるいは、家族がそうだと思うけれど本人に自覚がない。自分がいくら言ってもピンときていないみたいだ。どうやったら気づかせられるんだろう。

こうした疑問への答えは、「残念ながら人は、壁にぶつからないとわからないものなのです」。

痛い目に遭って、ようやく気づけば、「これは変えなくちゃ」と方向転換できます。

例えばがんなどの大病までいかなくても、アレルギーは大なり小なり、誰もがあるのではないでしょうか。残念ながら、日本人は一億総アレルギーと言われるほど、何かしらのアレルギーを持っています。

ハウスダスト、ダニ、花粉、各種食物、薬剤、温度差アレルギーなどというのもあるくらいで、症状も多岐にわたります。もはやアレルギーがない人を探すほうが、大変なほどです。

そのアレルギーによって症状が悪化し、日常生活に支障が出たり、アトピー性皮膚炎のように見た目に現れて、人目を気にするようになったり。なかには「死にたいくらいイヤだ」と思い悩む人もいます。

そこまでになると、誰もがなんとか治したいと思うはずです。

じゃあ、そのアレルギーはどこから来ているのですか？

昔の人はそんなにアレルギー、ありましたか？

そこをとことん考えてみてください。

子どもの頃はなんでもなかったとしたら、なぜ大人になってからアレルギーが出ているのでしょう？

食生活を振り返ってみたら、パスタやラーメンを食べたあとでお腹の調子が良くなくなることが多い。それと関係はないだろうか。

もしかしたら小麦に含まれるタンパク質に反応しているのかもしれない。

じゃあ、なぜ今、なんだろうか？

子どもの頃から今までの食生活全体、環境が影響していることはないだろうか？

添加物を減らすよう心がけてみよう。生活環境を変えてみよう。とにかくやってみようじゃないか。

「もうイヤだ」という壁にぶち当たったからこそ、「改善したい」と、とことん自分で考え、調べ、「よし、やってみよう」と行動する気になるのです。逆を言えば、壁まで行き着かないと実感できない、とも言えるでしょう。

### 《私自身もアトピーに悩んだ》

私は今でこそ「江原さんって、お肌がとてもきれいですよね」と言われますが、15歳から21、22歳頃まで、ひどいアトピー性皮膚炎に悩まされていました。

湿疹が現れ、かゆみもひどい。二の腕の内側など皮膚の柔らかいところはもちろん、足まで全身にわたって見るも無惨な状態。中学生のときなど、両手は包帯でグルグル巻き、目は眼帯をしていたほどです。

顔もボロボロでしたし、服で隠せない手首から先を人前に出すのをとても恥ずかしく思っていました。こぶしを握って手首を内側に曲げ、手の甲を自分の太ももに押しつけるようにして、いつも手が見えないように隠していました。今でもそのクセが、少し残っているほどです。

病院に行ってもまったく治らず、逆に研究材料にと、全身の写真を撮られたこともあります。専門病院に入院して治療を受けることも考えましたが、お金がかかることもあり、行くことはできませんでした。

高校でデザインを学んでいた私は、大学で美術を、それも彫刻や塑像《そぞう》を学ぼうと思っていましたが、医者からは「粘土を扱うなんて無理。余計に治らなくなりますよ」と言われました。そんな状況のなかにいた私は、「自殺したい」「もう死んでしまいたい」と本気で思っていたのです。

ですから私は、アトピーで悩む人の気持ちがとてもよくわかります。症状の辛さ、原因がわからずになかなか治らないことへのもどかしさ、人から見られたときの恥ずかしさも。

人生に無駄はないと言えるのは、私自身が自殺まで考えるほど苦しい思いをした経験があるからです。だから辛い境遇にある人の気持ちもわかるし、寄り添えると思っています。

## 《水が私を助けてくれた》

拙著『人はなぜ生まれ　いかに生きるのか』『スピリチュアルな人生に目覚めるために』などを読まれた方はおわかりだと思いますが、私の10代後半〜20歳ぐらいは、心霊現象にも悩まされた時期でした。

詳細はそれらに譲りますが、大学に入ってから本格的に心霊の勉強をすることとなった私は、滝行《たきぎょう》を始めました。滝行は通算で2年間にわたりましたが、滝行をするごとに、どんどんとアトピーが良くなっていったのです。

私がこの話をすると、たいていの人はこう言います。

「江原さんは霊感が強いから、きっとヘンな霊が取り憑いて悪さをしたせいで、アトピーになっていたんでしょう。だから滝行がお祓いになって、治ったんじゃないの?」と。

確かに滝行は自然相手の過酷な修行です。実際に命を落とす人もおり、中途半端な気持ちでは行うことはできません。そういう意味ではスピリチュアルな部分で、滝行によってメンタルが磨かれていくという部分はあったでしょう。

でもフィジカルな部分でのデトックスも、大きかったと思っています。

東京近郊とはいえ、通っていたのは山のなかの滝。修行場として、お堂なども近くにありましたが、もちろん天然の滝です。流れているのは草木や大地で濾過された豊かな水。それを全身で浴びることは、薬効を含む温泉水を浴びるようなものだったのではないでしょうか。

また滝行というのは、水量や温度が季節によって違います。冬は寒くて大変だろうと思われがちですが、実はそうではありません。水量が豊富で、勢いよく体に当たるので、血流がよくなって気持ちがいいのです。

逆に夏は水量が少なく、意外にも水温が低い。気温の高い夏に、冷たい水が少量だけ体に当たる滝行というのは、ギャップがあるぶん、辛いのです。

アルバイトもしていたため、滝行に行くのは夜中です。行けるときは連日、立て続けに通いました。一晩で3回ぐらい滝に打たれ、翌日はまたアルバイトというときもしょっちゅうありました。

しかしそうやって季節を問わず、通い続けた結果、代謝も上がったのではないかと思います。滝行とともにアトピーが治まっていった私が思ったのは、「水が助けてくれた」ということ。ですから今でも、私は朝晩の2回、お風呂に入るようにしています。毛穴を広げ、代謝をよくして、ふだんからデトックスを意識しているのです。

もちろんアトピー性皮膚炎の原因や対処法は人それぞれですし、体質も違います。

私の方法が、すべての方にとって正しいとは申せません。安易に真似することなく、きちんと病院で診断を受けていただきたいと思います。

それでも入浴は、大切なヒーリング法であることは間違いないでしょう。

毛穴を広げることはフィジカル、スピリチュアル、両面においておすすめできると思っています。

## 《たましいの不調和がもたらしたメッセージ》

私のアトピーの原因は、何だったのでしょうか。

考察すると、たましいの不調和だったのだと思います。食事と精神的ストレス。フィジカルとメンタル、両方のストレスによる、たましいの不調和です。

4歳で父を、15歳で母を亡くし、姉が嫁いでいたため、私は16歳で一人暮らしを始めました。ちょうどアトピーがひどくなった頃と、母が亡くなったり、生活環境が変わったりしたことは符合します。

自炊といっても、16歳そこそこの少年が作る食事など推して知るべし。食生活はどうしても乱れがちです。

レストランでアルバイトをし、まかないの食事をいただくこともありましたが、お腹いっぱい食べられればいいという感じで、栄養などは考えていられません。

ただもう、〝かっ食らう〟という表現がピッタリの食事。それでも食べられて助かったという気持ちでした。

高校3年生のときには、受験のストレスもあり、とうとう体が悲鳴をあげてしまいました。十二指腸潰瘍《かいよう》で入院したのです。

医者に「食生活が相当、ひどいですね。だから病気になったんですよ」と言われ、食事指導を受けました。学生の一人暮らしと知った看護師さんが、簡単で、栄養が摂れる食事メニューを教えてくれて、退院後はそれを参考に自炊を続けました。

そして当時の私は、心の中で自己憐憫に陥っていました。

なんで自分だけ、親が死ぬの？

なんで自分だけ、こんな目に遭うの？

なんで自分だけ、ひとりぼっちでご飯を作るの？

なんで、なんで、なんで……。

今の私なら、十二指腸潰瘍は思い癖の病だとわかります。「なんで、なんで？」という人生の消化不良が、不摂生と相まって病を招いたのです。もちろん医者ならば「ストレスで胃腸をやられたんですよ」と言うでしょう。

大学に入ってからも、「なんで自分だけ」という思いは続いていました。

時代はバブルです。「みんなでスキーに行こうよ」と友だちに誘われても、行けるわけがありません。お金もないし、アルバイトにも行かなくてはならない。『私をスキーに連れてって』という映画がありましたが、そのタイトルをそのまま友だちに言いたいくらいでした。

世の中の大学生はみんな楽しそうに遊んでいる。でも自分は学校が終わってからアルバイトへ行かなくてはならない。

終電ギリギリまで居酒屋で皿洗いをし、まだにぎやかな繁華街を横目に、「遅れては大変だ」と駅までダッシュ。飛び乗る最終電車は各駅停車。ようやく着くと、アパートまでの上り坂を歩いて帰る日々です。

心も体もストレスフル。

十二指腸潰瘍も、アトピーも、こうした私のたましいの不調和が体に出したメッセージだったのです。

## 《「なんで？」があるからたどり着いた道》

私がスピリチュアリズムにたどり着いたのは、このような「なんで？」という思いがあったからです。

自殺まで考えるほど思い悩んだ日々、人生の消化不良をとことん味わってたどり着いた道でもあるのです。

多くの方は「霊能があるから、スピリチュアルなことをやっているんでしょう?」とおっしゃるでしょうが、そうではありません。

世の中には霊能があっても、霊的真理を追究せず、まるで頭の中がお花畑のように浮かれた考え方をしている人が少なくありません。

私はあえて厳しいことを申し上げます。「今日はこれを食べればラッキーですよ」「この神社から飛んできた蜂の蜂蜜を食べると幸せになります」などと言うのは、軽率です。

これがスピリチュアルならば、がんで苦しんでいる方にも同じことを言うのでしょうか? それは通用しないのです。

私は自分が苦労をし、みじめな思い、やりきれない思いを散々味わった、その苦悩があるから、スピリチュアリズムを学び、今、人の心に寄り添えていると思っています。

そしてスピリチュアルとフィジカル、その2つがつながっていることも実感としてあるからこそ、こうやって伝えることができるのです。

# 第6章

# ストレス、そして憑依を恐れない生き方

## 視野を広げて生きよう

### 《感情より理性が大事》

最終章では、ストレスに振り回されず、上手にコントロールする新しい生き方について探ります。それが憑依を遠ざける生き方でもあるからです。

ストレスを排除しようとストイックになりすぎて、逆にストレスを感じるということもありますす。それでは本末転倒ですし、幸せではありません。何事もバランスが大事ですし、感情ではなく理性で考え、行動することが必要です。

自身の健康や環境などを考えた末に、ヴィーガンを選ぶ方もいらっしゃいます。しかし、なかには矛盾した言動をとる方もいるのです。

例えば、乳製品を含む食肉は一切食べないけれど、添加物などにはまったく無頓着だという方。もしかしたら動物愛護の精神からヴィーガンになったのかもしれませんが、ご自身の体は愛護していないのかといささか疑問です。

また、本人は良いことをしていると思っていても、行き過ぎた振る舞いになるケースもあります。

肉料理の店が出店する野外フェスティバルの会場周辺に押しかけ、動物が殺される写真などを掲げて動物愛護を訴えるのはいかがなものかと思います。海外では、ヴィーガンの人が養鶏場に忍び込み、飼われている鶏を逃がしてしまった事例もあり、これはもはや犯罪です。

単に「動物がかわいそう」という感情だけで突き動かされてしまうと、視野が狭くなりがちです。そうすると根本的な部分で間違えても気づかないまま、違う方向に突き進んでしまうでしょう。

動物愛護に限らず、何かを訴えるにしてもエキセントリックに闘っては意味がありません。もっと理性的に考える必要があるのです。

以前、動物愛護から毛皮製品の使用を止めようという流れが起きました。海外の有名人が、自らが着ていた毛皮を焼き捨てるニュース映像を覚えていらっしゃる方もいるでしょう。

アピールのためのパフォーマンスとはいえ、そのような行動をしては動物たちも救われないでしょう。

毛皮製品を作る過程の残酷さを知り、これから新たに毛皮や皮革製品を買うことは控えようという気持ちはよくわかります。しかし罪悪感が高じて、既に自分が持っているものまで「もう使いたくない」と処分したら、動物たちは二度、殺されたようなものではないでしょうか。

一度殺され、そして二度目は嫌われるという形で。

自分の親が亡くなり、遺品を整理していたら高価な毛皮のコートが出てきたなどの場合も同じです。遺品を受け継ぐ、あるいはデザインが自分の好みに合わないなら、好きな方に利用してもらえばいいのです。今あるものは大事に使うというのは、動物への感謝の表れなのですから。

あるファッションブランドでは、新しい革は使わずに、過去の製品の革を新しいデザインに組み込んで、仕立て直す取り組みをしているそうです。このような命への感謝も込めた形でのリサイクルは、とてもいいことだと思います。そして商品の成り立ちをお客さんにきちんと伝えれば、買う側も意識を高めるきっかけが得られます。

世界に目を向ければ、先進国の傲慢《ごうまん》さによって振り回される開発途上国という現実があります。経済や環境、その根本的な問題から目を背《そむ》けることはできないでしょう。

これ以上マーケットを広げず、いずれは小さくしていくためにどうしたらいいか。複雑な問題を抱えた悪循環がある以上、その答えは簡単ではありません。

広い視野を持ちつつ、個人も、企業においても、地道な取り組みをしていくことが理性的な道と言えるでしょう。

## 《今こそ生命倫理を》

日本は石油などの資源が豊かな国ではないからこそ、知的財産を資源として、もの作りに発展させるなどしてきました。いわば知恵を世界に売ってきたのです。

しかし今、知識はあっても、そこに倫理が抜け落ちていると感じます。

もちろんそれは、日本ばかりではありません。先頃も、遺伝情報の一部を改変するゲノム編集が行われた赤ちゃんが中国で生まれたと報じられました。国で禁止され、世界的にも問題提起されているさなかでの強行突破です。

クローン技術に関してもそうですが、多くの科学者たちは、とにかく自分がいちばんに成果を出したいと思っているようです。まるで子どもが競って、「見つけた！」「やったー！　一番乗り！」と言っているかのよう。

後先は考えず、生命倫理もお構いなし。乱暴な言い方で申し訳ないですが、いくら頭がよくても、心はバカと言いたくなります。どれだけ知識があっても、そこに倫理がなければ意味がないのです。

今、日本には、企業が財団をつくり、人材育成と称して成績優秀な若者を集めて支援するプロジェクトなどがあります。平たく言えば、ずば抜けて頭の良い子どもを自由に勉強させたり、留学させたりするのです。

私は「本当にそれでいいのかな？」と、疑問をぬぐえません。

そこには、生命倫理も含めた倫理観はあるのか。そして人としての正常な愛念は、ちゃんと育まれているのかと。

ただの物質主義的価値観で、日本の知的財産をもっと殖《ふ》やそうという発想から、優秀な子どもばかりを集めているのであれば、恐ろしいことだと思います。

日本はどこまで進歩していくのでしょうか？

そして、どこまで進歩したらいいのでしょうか？

その進歩に、倫理は含まれているでしょうか？

私は大学でスピリチュアリズムの授業を持っています。学生たちに、倫理や命、そして死とは何かを伝えていますが、生命倫理は今の時代にとても大事なことだと思っています。

## アンガーマネージメント

### 《ストレスの多い食材を食べていないか?》

自分の怒りがストレスになっている場合もあります。対症療法的に怒りを収めることは可能ですが、たましいの視点から見れば、もっと根本的な部分で感情をコントロールできます。それも日々の暮らし方を変えることでできるのです。

やはり大事なのは、食です。

よく肉を好んで食べる人は気性が荒いなどと言いますが、あまり関係ないでしょう。どうやら肉食動物は気性が荒く、草食動物は穏やかだからという考え方を人間に当てはめたようです。しかし肉食をしないのに、気性の荒い人はいくらでもいます。

それよりもアンガーマネージメントとして大事なのは、添加物などを避けることです。

第2章、第3章を、もう一度よく振り返っていただきたいのですが、食がフィジカルなストレスとして体に与える影響により、怒りを招きやすくなることは大いにあります。

またスピリチュアルな視点での私の分析ですが、ストレスの多い食材を食べると、ストレスフルになりやすいと思います。

ストレスの多い食材というのはどういうものかというと、衛生環境が悪く、狭いところで飼育されるなどしたストレスの多い家畜の食肉や卵、牛乳、それらの加工品です。

例えば放牧されることなく、一生、牛舎のなかでつながれて育てられる牛。歩き回るスペースのない狭いケージに入れられた鶏。豚舎でぎゅうぎゅう詰めの状態で飼われる豚。ずっとつながれたり、閉じ込められていたら、窮屈でストレスがたまるのは人間でも、動物でも同じです。

また遺伝子組み換えの穀物が家畜のエサに多く使われている現状もあります。農薬や遺伝子組み換え食品が、フィジカルなストレスとして人間にも影響があるならば、家畜もそうしたエサから、同じようにストレスを受けるのではないでしょうか。

食肉や加工品にもエナジーがこもります。ストレスを感じながら育った家畜のオーラは、そのまま食べ物を通じて、食べた人間にも伝わるのです。

家畜として飼われる動物のたましいは、自分たちが糧となる宿命を受け入れています。だからといってストレスがあっていいわけではありません。

ハワイで牛を放牧していた方は、家畜の宿命を踏まえたうえでこう言いました。「だから彼らは今、自由でいいんだよ」と。これを聞いたとき、日本でもこのような考え方を持つ酪農家の方がいらっしゃるといいなと思いました。

そうしたくても、量産化を強いられている現状に苦しむ酪農家が多いことも理解できます。そもそも家畜にストレスを与えるような飼育方法になるのは、効率や生産性を高めるという物質主義的価値観からです。それはたくさん食べたいという消費者のニーズの反映です。

放牧され、牧草だけを食べてのびのびと健康的に飼育された牛は、やはり手間がかかっていますし、飼える頭数も少ないぶん、値段が高くなります。食べ放題の焼き肉屋などでは、まず並ぶことはないでしょう。

安くてお腹いっぱい食べたい若者たちが口にしているのは、どんな肉かと考えると、ストレスフルな肉ではないか。そして最近の若者がキレやすいのは、もしかしたらストレスフルな肉を食べているからではないか。そんな推測もできるのです。

若い人に限らず、アンガーマネージメントを考えるなら、肉食を止める、あるいは量ではなく質で選ぶのがいいのではないでしょうか。

どんな飼育がされているのか、エサはどういうものかなどを、きちんと開示しながら販売しているお店もあります。自らで、きちんと選ぶことが大事です。

## 《音と環境がもたらすアンガー》

私たちがさらされている音がノイズだというのは、既に述べました。

誰だってノイズばかり聞いていれば、イライラします。どんなに穏やかに過ごそうと思っても、車のクラクション、トラックの音、それだけでもう穏やかではいられないでしょう。

また、デザインを学んだ私の目から見て、視覚から受ける影響は多大です。真っ赤な壁紙で囲まれた部屋にいると、気持ちが落ち着かなくなることでもわかるように、目から飛び込む色は重要な要素です。

ところが都会の街中は、どこを向いても人工的な色ばかり。赤、ピンク、黄色……といった具合です。

かつて、都心を走るバスが赤と黄色を使ったデザインに変わったことがありますが、あまりに落ち着かない印象でした。今の落ち着いた緑へと変わった理由は、環境デザインからの指摘もあったようです。

そして現代の灯り。

世界中を見ても、日本ほど自動販売機があちこちに置いてある国はありません。夜でも煌々《こうこう》と点いています。

また、これだけネオンがある国もないでしょう。

ロンドンのような都市でも、ネオンがあるのは一部の地域だけ。街灯もおとなしめです。もちろんそんなロンドンの景観も、だんだんと変わってきているようですが……。

私は熱海で過ごすようになってから、気づいたことがあります。

それは都心とは2時間ぐらいの時差があるかのように感じることです。例えば、夜は寝るのが早くなります。「9時です。戸締まりをして寝ましょう」といった放送も街に流れ、それを聞くと「もう寝よう！」という気持ちになります。

そのぶん朝は早くに目が覚めます。自然と人間らしいサイクルになるのです。

また、東京では真夏の夜に、エアコンなしで寝るのは無理です。寝苦しい以上に、熱中症の危険さえあるでしょう。けれども人工的な冷気をずっと浴びて寝ると、やはり体がだるくなります。風が体に直接当たらないように工夫したり、布団を変えたりと一苦労。それでも心地よく眠れているかどうか。

ところが熱海では、夜はエアコンなしでぐっすり眠れます。

都心と比べて日中の気温が2、3度違うように感じますし、夜はもっと下がるように感じるのです。

海風のせいかと思いきや、土があるからだと気づきました。木々に囲まれ、土がある熱海の家は、ひんやりとした空気に包まれるのです。

都会のコンクリートは照り返しもあり、蓄熱もしますが、自然の土にはそれがない。だから夜がとても心地よいのです。

しばらく過ごすと、その暮らしが、呼吸と脈拍に合ってきていると感じます。東京生まれ、東京育ちの私ですから、都会を離れるのは寂しいような気がするはずなのに、熱海の自然の中ではこれほど穏やかに過ごせる。

やはり環境とストレスは大いに関係があると、実感しています。

## 《言葉を持たない人はキレやすい》

なぜ赤ん坊は、お腹が空いたり、おむつが濡れていると泣くのでしょう？

まだ言葉を覚えていないからです。泣くことで自分の気持ちを表現し、伝えているのです。

大人になってもキレる人というのは、赤ん坊と同じではないかと、私は思います。言葉を持っていない。つまり、自分の気持ちを相手に伝えることをしない、あるいはできないという幼稚化が進んでいるのです。

原因の一端は、短い文章や絵文字で相手とやりとりするメールやＳＮＳの普及ではないかと思います。

できるだけ言葉を省略し、ときには絵文字ひとつで相手に気持ちを伝えた気になってしまう。

それも、今すぐ送り、今すぐ返事が欲しいといった具合で、待つのはイヤ。

インスタントなやりとりが当たり前になると、口頭で説明するのは面倒くさいでしょう。

ときどき若い人と話していて、こちらがもっと説明を求めると、「もういいです」と話を終わらせようとすることがあります。

「何がいいの？　ちゃんと説明して」と言っても、「もう面倒くさいんで」でおしまい。こちらがいくら聞く姿勢を示しても、伝わらないとわかると、それ以上は伝えようとしないのです。

これではお互い、ストレスがたまったままです。

本書で最初から述べていることですが、言葉化するというのはとても大事です。ところが世の中は、SNSを始め、言葉をなるべく使わないでコミュニケーションしようという流れになっています。自動改札しかり、タッチパネルしかりです。

言葉を発することがあっても、スマートフォンのアプリケーションに向かって、「○○が食べられる店を探して」程度。でもこれは会話ではなく、感情のないフラットな言葉です。気持ちを表現する言葉を要しないのですから、伝える術《すべ》をどんどん失ってしまうでしょう。赤ちゃんのように、また幼い子どもがだだをこねるように、大人がキレてしまうのも理解できるのです。

それでも人間は自分を表現しないと生きていけません。では言葉を持たない現代人は、どうやって表現しようとするのか。

画像を投稿するインスタグラムなどのサービスを使って、写真をインターネット上にアップするのです。

私は表現方法として、そのようなサービスを否定はしません。ただ、広く世界に発信しているという自覚のもとに、表現したいことを自分のなかで咀嚼《そしゃく》してから載せていればの話です。

誰かに何かを問いかけたり、自分の気持ちを伝えるというコミュニケーションツールとしての意識があれば、自撮りの写真と一緒に「自分、頑張れ！」といったタイトルをつけて載せたりはしないのではないかと思います。

## 日本文化を見直す

### 《日本の良き文化を守る》

精神性が高く、目に見えないものを敬ってきた日本の良さ、日本の文化を見直し、残すことを、今こそ考えるべきだと思います。

日本は戦後、ＧＨＱがやってきたことで食生活が大きく変わりました。食糧難ということもありましたが、アメリカから入ってきた小麦や牛乳があっという間に和食を追いやってしまったのです。

今やご飯よりパンを食べる人が増え、栄養があるからと牛乳を飲む。そのパンにはどんな添加物が入っているのか、また原材料である小麦はどこでどう栽培されたものなのか。牛の子どもが飲むためのミルクは、果たして人間に合った飲み物と言えるのか。疑問符だらけです。

ここで取りあげたいのはハワイです。日本と実に似ているからです。

ハワイは先住ハワイアンの島をアメリカが領土化しました。ハワイに住む人というと、体が大きく、太っているイメージがあるでしょうが、それはアメリカ領になってからのこと。もともとは体は大きくても、太ってはいませんでした。

それがなぜ体型が変わったのかといえば、タロイモが主食だったところへ、コーラとハンバーガー、牛肉が入ってきたためです。

先住ハワイアンたちのなかには、食に限らず自分たちの伝統文化を残そうと運動をしている人たちもいます。

日本は今、海外からたくさんの観光客がやってきます。今後は外国人材の活用で、外国人労働者ももっと増えるでしょう。当然、摩擦もストレスも増えます。

多様な文化が入ってくるなかで、日本の文化をどういう形で残していけるかは、ひとつの大きな課題だと思います。

例えば相撲。相撲は国技と言われ、スポーツではありません。その成り立ちを知れば理解できますが、神事です。

ですから土俵の上で、勝ったからといってガッツポーズをするのはよくないという批判が挙がるのは、当然なのです。

外国人が入門し、多くの外国人力士が誕生しています。私は「外国人力士だから、日本の文化はわからない」と、切り捨てるのはいかがなものかと思います。

相撲の成り立ち、歴史、文化、そうしたことから丁寧に教えれば、外国人であっても理解するはずです。ですから手本となるべき親方が、外国人、日本人を問わず、しっかりと弟子を教育することが大事でしょう。

## 《真のお祭りとは》

由来を調べたり、原点に立ち返るというのはとても大事なことです。

私はときどきこんな質問を受けることがあります。「お祭りで事故が起きて、人が死ぬことがあるけれど、神様がいる行事でどうして事故が起きたり、人が死んだりするのですか？」と。

けれども逆に私は尋ねたいのです。そのお祭りは本当のお祭りでしょうか。

私は以前、出雲《いずも》にある須佐《すさ》神社のお祭りを見たとき、「これぞお祭りだ。日本のお祭りの原風景だ」と、とても感動しました。

須佐神社で行われていたお祭りというのは、御祭神の須佐之男命《すさのおのみこと》が天照大神《あまてらすおおみかみ》を祀《まつ》る末社の天照社を訪れる神事。装束に身を包み、マスクをした人が須佐之男命のご神体を乗せた御神輿《おみこし》を担ぎ、静々と歩いて天照社に行き、祈りを捧げて帰ってくるという粛々《しゅくしゅく》とした祭事です。

須佐之男命が、姉である天照大神に会いに行く〝行幸《ぎょうこう》〟を表現していて、神話に基づいた神事であることがわかります。

今や、忘れ去られようとしている神事としてのお祭りが、穢《けが》れなく受け継がれていることに、私は心が打ち震えるような深い感動を覚えました。これも出雲という土地柄のおかげなのかもしれないと。

須佐神社のお祭りは、多くの方がお祭りに対して抱く、派手でにぎやかなイメージとはかけ離れているでしょう。けれども、これが本来のお祭りなのです。

では、なぜお祭りが派手でにぎやかなものへと変わってきたのでしょうか。それは人間というのは、いつまでも子どものような幼稚さを持ち、遊び好きだからです。

きっと最初は静々と、御神輿を担いでいたでしょう。その土地の氏神様を御神輿に乗せ、地域を巡回していたはずです。ところがあるとき、隣村の御神輿と出会った。最初は、お互いがふざけてつついていたぐらいだったのが、だんだんエスカレートして「なんだよ」「なんだよ！」と小競り合いに。御神輿をゴンゴンとぶつけ合う、けんか神輿の誕生です。

ある村では、「どっちの御神輿のほうが丈夫で立派か、落としてみようぜ」となり、階段からゴロゴロと落とすようになった。

またある村では、お社に使う柱を山から切り出すとき、ただ運ぶのがつまらなくなり、「乗っちゃう？」「坂、下っちゃう？」と面白がって柱にまたがって下るようになった。次第に俺も、俺もとみんなが乗るようになり、滑り降りたとき、「最後まで残っていた人が勝ち！」と……。「やってはいけません」と言われるとやりたくなったり、「まさかこんなことはしないよね」ということをしてしまうのが子どもです。学校の階段をただ降りるのがつまらなくて、手すりにまたがって滑り降り、「ひゅ～！」と言って遊んだことがある人もいるのでは？

お祭りが変わってしまったのは、子どものそれと同じ。結果的に、本来のお祭りとはかけ離れた形になってしまいました。神様がいるのになぜ事故が起きるか云々以前に、本来の意味から変えてしまった人間が、ろくでもないものであると思うべきでしょう。

そして日本文化としての、本来のお祭りがどういうものかを、忘れてはならないと思います。

## 《人間は〝しょうもない〟生きもの》

そうではない方もたくさんいらっしゃることは承知のうえ、ということを最初にお断りしておきますが、穿《うが》った見方をすれば、とくに男は〝しょうもない〟ものと言えるかもしれません。

最近は女性も参加できるお祭りが増えましたが、御神輿を担ぐのは男だけというところが多かったでしょう。これは女性を参加させると、「御神輿でケンカするなんて、バカみたい」と冷静に言われるのがイヤだからではないでしょうか。まるでお母さんに叱られているような気分になるからです。

「そんなことするからケガするのよ」と言われ、つい「隣町には負けたくないんだよ！」と言い返したりする子どもなのです。

もちろん理性的な男もいて、「いや、俺はケンカなんてしない」と言うと、「お前にはもう神輿は触らせない」などと理不尽な差別が起きる。第1章で差別について挙げた例のように、左遷させられる部下と同じです。

社会の〝しょうもなさ〟も、昔から変わっていないとわかります。

じゃあ女性のほうがいつも理路整然としているかといえば、そうとも限りません。

親子ゲンカで子どもから「お母さんだって、間違ってるじゃん！」と言われ、「あ、そう。じゃあ、わかった。明日からお弁当作らないから」と言うお母さん。

相手から間違いを指摘されて、認めたくないときに話をすり替えてしまうのはお母さん、いえ多くの女性に覚えがあるのではないでしょうか。

結局、どちらがいい悪いというのではなく、男女にかかわらず人というのは〝しょうもない〟生きものと言えるのです。

## 便利なことはあなたにとって本当に幸せか

### 《物質主義的価値観の土俵から降りる》

ストレスの根源は物質主義的価値観。それを理解し、変えていくことがストレスに振り回されずに生きるための大きなポイントです。

つまりこの物質界で闘うのではなく、食や環境に対して責任主体で動けばいいということ。言い換えれば、物質主義的価値観の土俵から自ら降り、生活を変えるのです。

まだ都会暮らしに憧れたり、便利な生活がいいと思っていますか？

この世で生き残るには、衣食住があればいいのです。裏を返せば、衣食住に関わることだけ選び取っていけば、生きていけるのです。

衣類は既に余るほど持っているでしょう。就農すれば、食べるのには困りません。田舎では住むところも安く借りられます。すべてが揃っているのです。

戦中、戦後のさなか、食べるものがなくて困った人たちはみな、田舎に行き、農家を頼りました。自分の着物と、お米を交換してもらうためです。自給自足がいちばん、強いのです。

もちろん農業に向いていない人もいるでしょう。それなら漁業でもいいし、調理師でもいい。いずれにしても、食に関わることはいつの時代も廃《すた》れません。

じゃあ田舎に行き就農して、「すべてがハッピー！」となるかといえば、そんなに甘くないことはお気づきでしょう。でもそれもパワーバランスです。

以前、夫婦で脱サラして田舎でペンションを経営するのが流行しましたが、離婚率も高かったようです。

のんびり自然のなかで暮らしながらお客様をおもてなしすると聞けば、楽しそうなイメージですが、現実は甘くありません。客が来たら来たで忙しく、掃除と食事づくりばかりの日々。自然の景色なんか愛でるヒマもなければ、夫婦で語らう時間もない。そしてシーズンオフになり、客がまったく来なければ収入はゼロ。

ここでパワーバランスだと頭を切り換えられた夫婦だけが、離婚せずに続けられます。忙しいときは仕事に徹して、客のためだけに働く。そしてシーズンオフはひっそりと客のいないペンションで夫婦2人、カラオケでも歌って過ごす。

1年中、夫婦で幸せに語らいながらペンション経営ができるとは思わず、それほど楽しくはない現実もきちんと受け入れられるかどうかが、分かれ目です。

この世で生きるのに必要なのは、衣食住だけと割り切り、なおかつパワーバランスを忘れなければ、土俵から降りるのは難しくないと思います。何より、最後まで人間らしく生き、人間らしく死んでいけるのではないでしょうか。

## 《文明の利器を正しく利用する》

物質主義的価値観の土俵から降り、生活を変えるとしても、文明の利器をすべて放棄するのは現実的ではありません。

文明の利器を正しく利用しながら、不便も受け入れればいいのです。そんな都合のいいことができるかと思うでしょう。行き過ぎている部分と、役立つ部分をきちんと取捨選択をすれば可能です。

ＡＩが搭載されたスピーカーだって、福祉の面では大いに役立つでしょう。体の不自由な方が「電気を点けて」と言って、自分の意思で電気が点けられるのはとてもありがたいことでしょう。ぜひ利用してください。

でもそれが必要ない人は、自分で点けられることに感謝してＡＩは使わないという選択をすればいいのです。

また、高齢者ドライバーの運転ミスによる事故が多発し、自動運転の自動車が注目を浴びています。高齢者のなかには、「あと数年したら実用化になるだろうから、それまで頑張って運転を続け、自動運転の車に乗り換える」と言っている人もいるようです。

この理屈を聞いたときは驚きました。どれほど自分の運転を過信し、まだ実用化されていない技術を過信しているのでしょうか。

科学が万能ではないことを忘れず、理性的に考えなければなりません。

田舎暮らしのお年寄りは、買い物難民とも言われ、それがために車を手放せないそうです。最近は食材も通販で買え、宅配で届けてくれるところが増えました。ぜひそういう便利さは享受していただきたいと思います。荷物も持たなくていいですし、そういう意味では、お年寄りにはやさしい時代になってきているのではないでしょうか。

パソコンは諸刃《もろは》の剣《つるぎ》です。ファミコンやパソコンという名前の通り、ファミリーやパーソナルになったことで問題を生んだのです。

やはりコンピューターは公のものという意識を持って、仕事ではここまで使うけれど、プライベートで使うのはここまでという取捨選択が必要でしょう。

例えば、子どもが自宅学習しながら、遠くに住む先生に勉強を教えてもらうためにインターネットを使うこともできます。それだけでコミュニケーション力を育むのは難しいですから、ときどきスクーリングで直接、交流する機会は大事です。

私は、今こそ『アルプスの少女ハイジ』のような暮らしがいいのではないかと思います。ふだんは自然豊かなところで動物とともに暮らし、ときどき街に行って、友だちと交流するのです。街の子どもたちにとってもいい刺激となりますし、お互いの視野が広がります。

勉強は文明の利器を活用して、インターネットを通してでもいいですが、家庭教師が実際にやってくるという形もいいのではないでしょうか。こちらはハイジではなく、ヘレン・ケラーの元にサリバン先生が来たのと同じです。

そうすれば家庭教師の派遣先も、もっと広がります。応用すれば、ひきこもりの人が勉強したいと思ったときにも活用できるでしょう。

不便だからダメというのではなく、さまざまな取捨選択にアイデアをプラスすれば、いろいろな分野で新しい仕事や、新しいやり方が生まれる可能性が大いにあるのです。

## 《うつになるヒマもない》

些細なことに悩んでいる人を見ると、私は愛を込めてこう言います。「悩んでいるヒマがあるんだね」と。必要以上の便利を手に入れて、それによってできたヒマを持て余し、些細なことで悩んで心を病む。自分たちのせいで不幸になっているのです。

もともと日本人は、忙しいはずです。

お盆だ、お月見だ、衣替えだ、と季節ごとの行事がたくさんあります。

そして梅干しを漬けなくちゃ、次はらっきょうを漬けなきゃ、と季節の食材で保存食も作ります。食べるためです。ひとつ終わったら、また次、そしてまた次と、とにかくめまぐるしい。

ホッとひと息ついて休めるのは、お正月の3日間くらいです。だからおせち料理があるのです。そしてそのおせち料理を作るために、年末はもっと忙しい。今ではおせちも、お正月飾りも買ってくる人が多いでしょうが、昔はどちらも家庭で作っていたのですから。

どこに悩むヒマがあるでしょうか。仮にうつっぽくなっても、気づけないくらいやることがあるのです。そのうち、うつっぽかったことも忘れてしまうでしょう。やることがあるというのは、本当に幸せだとは思いませんか。

便利なことが幸せだというのは、思い込みです。労働し、素朴だけれど季節の食事を食べ、「今日のご飯がある」ということに歓びを感じる。これが幸せなのです。

## 《日本の未来を経済学者に問う》

既に新しい生き方に気づき、実践している人たちは国内外にいます。

共同体をつくり、自然に逆らわない自然農法で自給自足をしたり、知識偏重の教育とは一線を画し、芸術的要素を取り入れた独自の授業方法で子どもたちが学んでいたり。障害がありながらも逆に障害を個性ととらえて、それを活かせるような作業を選んで農業経営をしたり。

また共同体までいかなくても、地道に無農薬で作物を育て、食べることで、生きる喜びを実感している人たちもいます。

物質主義的価値観の目では見えにくかったけれど、以前からずっと、自分なりの生き方を実践し、取り組みを続けてきた人たちも、確かにいるのです。

そして私もまた、生まれ育った東京から軸足を移し、自ら自然のなかに身を置く生活に変えようとしています。

私は世の経済学者に、これからについて問いたいのです。

物質主義的価値観の限界が来ていることに気づいた私たちは、もはやその土俵に参加しないことを望んでいます。幸せの国、ブータンが注目されたり、素朴な絆を大切に懸命に生きる人々を描いた映画『ＡＬＷＡＹＳ　三丁目の夕日』が大ヒットしたことでも、それは明らかです。

しかし政治家たちはいまだに、「買いなさい」「どんどん消費しましょう」と言い、経済優位でなければ海外にも負けていくし、物質主義的価値観を放棄したら、この国は弱体化すると言う。

ならばどうやって私たちは理想を叶えるべきなのか。

どうすれば互いが歩み寄り、すり合わせられるのか。そしてどういうふうにソフトランディングするのがいいのか。

今こそ経済学者のエビデンスが必要なときではないでしょうか。

スピリチュアルなことも含めて考えられる経済学者がいらっしゃるならば、ぜひその問いに答えていただきたいと思います。

## 食べることは生きること、生きることは食べること

### 《感謝していただく》

北海道の先住民族であるアイヌは、愛情を持って熊を自分たちで育て、感謝の儀式イオマンテ（熊送り）をしてから、いただきます。

自分たちのところに来てくださった神様を、また神の世に送るという気持ちで大切に扱い、感謝していただくのです。ですから欲張って食べることはしませんし、無駄にもしません。

私はいたずらに肉食を否定するのではありません。すべての人がアイヌ民族のように、命を讃《たた》えて感謝し、いただくことが大事ではないでしょうか。

食べることは生きること。生きることは食べることです。

だからこそ命の共生を忘れないこと。感謝のない食べ方も、そして生き方もしてはいけないのです。

### 《豊かな食を目指して知恵を使おう》

おからが廃棄処分になっているという話を聞いて、私はとても驚きました。安くて栄養価が高く家計を助ける食材のイメージがあるのに、卯の花やおからコロッケなどを作る家庭は、そんな

に減っているのでしょうか。飼料などで再利用するケースもあるようですが、コストを考え合わせた結果、かなりの量が廃棄されるそうです。

廃棄するくらいならば、それこそフードバンクや、ちょっとの野菜と一緒に調理して子ども食堂などで利用できないものだろうかと思ってしまいました。

このおからを利用する方法、廃棄をなくす方法すら考えられないなんて、人間の知恵は、何のためにあるのでしょう？　間違った知恵の使い方ばかりで、本当に必要なことには使われていないように思え、残念でなりません。

話は変わりますが、日本で売られるパンは、たいていは日持ちを良くしたり、膨らみを増すような添加物などが入っていて、何日も軟らかいままのものがほとんどです。

一方、フランスで売られる伝統的なフランスパンは、法律で添加物を入れることが禁止されているそうです。当然ながら材料はシンプルでヘルシーになります。そのため焼きたては外がカリッと、中はふわっとしていますが、翌日になると全体が硬くなります。「凶器になりそう」というのは冗談にしても、焼きたてとはほど遠いのです。

でもだからダメだというのではなく、翌日は卵や牛乳に浸して軟らかくし、フレンチトーストにして、おいしく食べきっています。フランスパンのアレンジはいろいろです。オニオンスープに浸したり、パンプディングにしたり、はたまた硬いまま小さく切って、クルトンとしてスープに浮かべたり。どれも工夫しながら使い切っていて、素晴らしいと思いました。

フランスの街で、パンを片手に歩く人を見ると「おしゃれだな」と思います。と同時に、「なぜ毎日、パンを買いに行くのだろう。少しは買いだめすればいいのに」との疑問もわいていましたが、硬くなるから買いだめができないことも納得できました。

体にいい材料で作り、日持ちはしないけれど、それを工夫しておいしく食べきる姿勢は見習うべきものがあります。

もちろん日本でも昔から同様に、無駄なく食べきる工夫が随所にあります。乾物などもその一例でしょう。

私たちには知恵があります。安易に長持ちするものを求めずとも、いいものをおいしく食べきることで、豊かな食は得られるのだと思います。

### 《家族揃って食べる日を作る》

家族がいても、ひとりで食事をとる孤食が問題視されて久しいですが、やはり家族が揃って食べることは大切です。

私は、拒食症で悩む方の相談をたくさん受けてきましたが、多くは親、とくに母親との関係にも悩んでいます。

ほとんどが、まず母親とのコミュニケーションがうまくいっておらず、親が作ったお弁当などが食べられなくなります。最初は黙って捨ててしまいます。そのうち、ふだんの食事も、食べても吐いてしまい、食べられなくなるのです。

食事には、作った人のオーラがこもります。ですから母親との関係がうまくいかないと、それを受け付けられなくなるのです。

『子どもが危ない！』でも述べましたが、子どもを思う愛情のオーラも、親が作る食事を通して伝わります。ですから、出来合いのお総菜をそのまま子どもに食べさせるだけではお総菜屋のおばさんと、心がつながってしまうかもしれません。

親は、買ってきたおかずを出すときも、必ず付け合わせは自分で切ったり、味噌汁だけでも作る、ご飯だけでも炊くなどしたほうがいいのです。

では孤食は何がいけないのか。

一緒に食べていれば、「あれ？　なんだか箸の進みが遅いな」「食べ残しているな」など、いつもと違うことに気づけます。自分が作ったものを食べていないとしたら、それは子どもが発する親へのSOSです。

孤食では子どものSOSに気づけません。ふだんから一緒に食べていれば、様子が違うこともわかりますが、たまに食べるぐらいでは気づかないでしょう。

ですからどんなに忙しくとも、一週間のなかで「必ず、家族全員が揃って食べましょうね」という日を作ったほうがいいのです。

よくビジネスランチ、ミーティングランチなどと言いますが、ほかの人との会食も大事です。一緒にテーブルを囲んで食べるというのは、相手を信用できるかどうかというたましいを表しているのです。

口はエナジーの入口ですから、一緒にいる人を信用できなければ、同じエナジーを取り込むことはできません。

一緒に生活をして信頼が置ける仲間のことを、同じ釜の飯を食った仲などと言いますが、まさしくこのことなのです。

拒食症というのは、まず人間不信が根本にありますが、それは母親から始まることが多いのです。母親との関係が悪化すると、他人とも一緒に食事が食べられなくなります。友だちと話はできるけれど、ご飯は一緒に食べられず深くつきあえないという人もいます。

それほど食事とたましいの関係は深いのです。

家族に食事を作るときは、祈るように作ってください。

ただし「勉強、頑張ってね」「この学校に合格してね」というようなプレッシャーや押しつけがましい祈りは、かえって食べられなくなります。

そうではなく「あなたがあなたらしく、輝いて生きてください」という祈りであってほしいと思います。

## 自然治癒力、言霊の力

### 《生きものには生命力がある》

私が熱海に軸足を移そうと考えた理由のひとつは、ハワイのような育つエナジーがあると感じるからです。

みなさんがお住まいのところでも、同じように思うことがあるかもしれません。

例えば、庭の虫たちが、とても立派でのびのびと生きていると感じるようなときはないでしょうか。

熱海の家で、蜘蛛《くも》がびっくりするぐらい立派な巣を一夜にして作り上げたとき、私は深い感動を覚えました。

「一晩で、よくここまで作ったね！　すごい、すごい！」と蜘蛛に向かって褒めたくらいです。

と同時に、「彼らもこんなに頑張って生きているんだな」と素直に思えて、とても愛おしい気持ちになりました。

庭にあるししおどしから響き渡る水音を聞きながら、蚊でもなんでも虫たちが元気に、感心するぐらい生き生きとしている様子を見るとうれしくなります。

それだけで気、エナジー、生命力というものを感じ、「虫がこんなに育つぐらいなら人間だって育つだろうな」と思ったのです。

そして自然治癒力というものが何かと考えたとき、この虫たちの生き生きした姿がどこかつながるような気がしました。

## 《言霊の力》

言葉にはエナジーがあります。それが言霊です。ポジティブな言葉はポジティブな、ネガティブな言葉はネガティブなエナジーを持ちます。ですから自分が話す言葉には、気をつけなくてはなりません。

北海道のある農家が、種を蒔《ま》いたり、作物に水をあげたりするとき「ありがとう」と声を掛けるのだそうです。大地に感謝しながら作物を育てると、とてもおいしい野菜ができるといいます。

「そんなことあるの?」と思うかもしれませんが、大事なことだと思います。

花に向かって「きれいだよ」といつも声を掛けると、生き生きときれいに咲くとか、家庭菜園の野菜に声かけをしたら育ちが良くなったなどは、よく聞きます。

私も熱海の家で、朝は庭の木に挨拶をしています。「もみじさん、おはよう」と。するともみじさんが葉を揺らして返事をしてくれるのです。この話を事務所のスタッフにすると、たいていは「大丈夫ですか?」と心配されます。スタッフがどう思っても私は気にせずに「もみじさんは愛嬌があるな」と思っています。

言葉にはエナジーがある。このことは自然治癒力にもつながっていくと思うのです。「いただきます」「ごちそうさま」という言葉を、ひとりでご飯を食べるときも言っている人はどれくらいいるでしょう。

作ってくれた人に感謝するという意味はもちろんあります。それでは自炊ならば言わなくてもいいのかといえば、そうではありません。

命をいただくことへの感謝があるならば、誰が作ったとしても、またひとりで食べるときも「いただきます」「ごちそうさま」を言うはずなのです。

言葉に込められた思い、そのエナジーを理解し、実践する人は、自分の命にも感謝し、肉体も大切にするでしょう。

自然治癒力は、私たちの生き方とさまざまに関わっているものなのです。

## 《自然治癒力を呼び覚ます》

イギリスではアロマセラピーやフィトセラピー、ヒーリングが盛んです。理由は医療制度が充実していないため。国の医療制度に頼るよりも、多くの国民が自分で健康管理に気をつけたり、自然治癒力を養うことに熱心なのです。

果たして日本人はどうでしょうか。

医者が患者に「がんですね」と言う。患者が「原因は何でしょうか？」「なぜ私はがんになったんでしょう？」と尋ねても、医者は答えられないでしょう。遺伝かもしれないし、生活習慣かもしれない、複合的なものかもしれません。要因はいろいろあるとしても、直接の原因を特定するのは難しいからです。

つまりいまだに多くの病は、原因不明なのです。

科学だ、医学だといっても、解明されていないことはたくさんあります。医療の進歩はめざましいですが、万能ではないことも、私たちは知っています。

だから「こういうことは体に悪いからやめよう」と予防にも努めますし、体のサインを受け止め、病気がひどくならないうちに休んだりもします。

ハワイでは、お互いの額と鼻をくっつけ合う伝統的な挨拶があります。これによって互いの口臭を嗅いで、「元気か?」「病気はないか?」と確認し合っているのです。

日本でも、お母さんが子どもの額に手をあてたり、額と額をくっつけて熱がないか、汗をかいていないかと確かめたりしますが、同じです。微妙な体調の変化を感じ取り、病気などを察知しているのです。

このように、人間はさまざまな方法で命の危険の察知をしています。ところが五感や感性を失いつつある現代人は、それらで感じ取るはずの危険の察知が、できなくなっているように思います。

だから添加物が入った食品を何の疑いも持たず食べてしまったり、車が来ていてもスマートフォンに夢中で気づかないまま事故に遭ったり、自撮り写真を撮るために高いところに登って落ちたりするのではないでしょうか。

危険を察知する力があることを忘れず、自分の感性に意識を向けましょう。

そして医者が治してくれると思って、依存しすぎないことです。医者はあくまでもサポート役で、主人公は自分。「医者が治してくれる」のではなく、「自分で治そう」という意識を持つことが、自然治癒力を呼び覚ましてくれるはずです。

《聖水を自分で作る》

「聖水」とは祈り、浄《きよ》める、聖なる水のことです。

聖水は自分で作ることができます。

値段の高い水や浄水器を使うのも結構ですが、実はいい水は自分で作れるということを知ってください。

どうやって作るかというと、自分が飲む水を置いて、祈るのです。言葉はなんでもかまいません。「ありがとう」でもいいし、「負のエナジーを流す」など、この水を飲むことで自分がどうなりたいかでもかまいません。この水で自分自身を浄め、清らかなエナジーを流していくというイメージでもいいのです。

言霊について述べたように、「ありがとう」と言いながら、畑の野菜に水をあげると、野菜が元気に育つのと同じです。

自分の思いを込める祈りで、聖水は作れるのです。

以前、「ありがとう」など感謝の言葉を語りかけた水と、「ばかやろう」など罵声を浴びせた水では結晶のでき方が違うという話が広まり、エセ科学だと議論を呼びました。

それについて、あるお医者さんがこう言いました。

「きれいな水になると信じて『ありがとう』と声を掛けることで、何か自分の損になるでしょうか。お金もかからないのだから、やってもいいのではありませんか。治療で使う点滴にだって、これは自分を治してくれる命の水だと思って『ありがとう』と声を掛けてもいい。それはタダなんですから」と。

私も、この考え方は間違っていないと思います。

科学的に証明できないと反論する方もいるでしょうが、信じない人は何を言っても信じません。でもその水で自分自身を癒せるなら、それでいいではないでしょうか。

食べ物でも、疑心暗鬼で食べるのと、「これはとても体にいいものだ」と思って食べるのとでは大違いのはずです。

拒食症で親が作ったものが食べられないのはなぜでしょうか。食事としてはおいしいのだろうけれど、口に入れられないのはなぜかということを、もう一度考えてみてください。

聖水に関して言えば、飲む水だけではありません。

毎日入るお風呂のお湯だって、「さまざまなものから浄められたい」「自分を癒す」「自分のなかの毒を出す」と語りかけたり、強くイメージを抱きながら入ってみてください。

それが自己治癒力のもとになります。

## 《他人任せなんかいらない》

「そんな聖水じゃ癒されるわけない」などとあきらめてしまうのは、もったいないことです。癒されるかどうかというそれ以前に、あきらめるその心が問題なのです。

思いの力は強い。信仰の力で病を癒す人もいます。

奇跡の水として有名なルルドの泉の水は、確かに水としても良質だと言われています。けれども多くの人がこの水で癒されたと感じるのは、単に良質な水だからというだけではなく、祈りの力が大きいのではないでしょうか。

私も滝行で癒されました。祈りとともに、奥深い山のたくさんの薬草を通り抜けてきた水だと思うと、ありがたいと思いました。水が自分を生かしてくれたのです。

医学で解明できないから嘘とは言い切れず、現代医学はまたそんなに完璧でもない。そしてその医学でも、実効のない偽薬を薬だと信じて飲んだ人に、薬と同じ効果が出たというプラシーボ効果というのもあります。

思いの力は、やはり強いと言えるでしょう。

世の中には、病気を治したい気持ちにつけ込む詐欺が横行しています。科学的に証明されていないものを信じると、そういう詐欺にも騙《だま》されるのではないかと周囲が心配するのもわかります。

詐欺はどの世界にもあります。気をつけなければならないのは、いつでも、何に対しても同じです。値段が高いから良さそうだ、この人が薦めているから大丈夫そうだ、などと鵜呑みにするのは危険です。

自分で調べ、考える、自律と責任主体が大事でしょう。

なにより、自力でやるものにはお金がかからず、物質主義的価値観がありません。それは詐欺にひっかからないための、ひとつのバロメーターになるでしょう。

他人任せなど、もはやいりません。聖水だって自分で作る。自分に対する祈りは、自分がいちばんよくわかっているはずです。自分が祈り、自分が使う、それこそが聖水と言えます。

これからは何かに属するのではなく、信仰に関しても一人一宗教、自分は自分の宗教観で生きるべきです。自分で自分を浄化し、健やかに生きられる道を考える。だから何を食べ、何を食べないかも自分で決めるのです。

そうすればストレスなんて曖昧模糊なものに、振り回されることはありません。いたずらに憑依を恐れたりもしなくなるでしょう。

誰かのせいにすることもなく、誰かを敵にするわけでもない。自分から動き始める。自分の軸を持って、自分の考えで生きる。一人ひとりが、自分の足で歩く時代が来たのです。

【対談】

食養生断食指導者 小針佑太×江原啓之

ストレスを避けられない時代に

# 現代人のためのデトックス・禊ぎ

Y U T A　K O H A R I

## 小針佑太

こはり・ゆうた。一般財団法人日本スピリチュアリズム協会評議員。食養生断食指導者。大学卒業後、指圧専門学校で学び、あんまマッサージ指圧師（国家資格）を取得。都内治療院勤務を経て、伊豆高原の「やすらぎの里」にて指導や施術に従事する。2016年より新設された「やすらぎの里養生館」館長に就任。延べ一万人の健康相談、断食指導を行う。自然環境と古来の養生法を組み合わせた「日本のリトリート」において、心身を野生化し健康を取り戻すプログラムを提唱。

## 断食道場の現場から

江原　佑太は私の甥であるけれども私の活動とは違うところで、これまで10年にわたり食養生、なかでも断食の指導員経験を積んできましたね。どのような経緯で体と心、そして食に関わるようになったのですか？

小針　僕は小さい頃から虚弱体質でした。高校で合気道部に入って、本格的に体を動かし始めましたが、体力がなかったので本当に辛かったです。でも続けていくにつれて体が強くなり、自信もつき始めて……、自分に一本、芯が通った感じがしました。だから体を整えていくと、どうやら心や精神にも影響がある、体と心はひとつだと気づきました。大学では社会に関心があったので政治を学びましたが、人の心と体への関心もあり、卒業後に指圧の専門学校に入りました。指圧の治療院で働いていたとき、施術を受けた患者さんが、一度は体がラクになって帰っても、また戻ってくることがあり、次第に虚しさを感じるようになったのです。

江原　すごくよくわかります。私の個人カウンセリングと同じです。その人自身が自分を見つめ、自分で変える努力をしないと、本当の意味で人生は変わらないのです。

小針　そうなんです。生活を変えなければ、体も変わりません。そこでもっとトータルに生活全般を見直せるところはないかと探し、さまざまな健康講座のある滞在型の断食施設で働き始めたのです。

江原　対症療法だけしても、本人が根本から変えないといけませんからね。道場での経験から、健康状態や精神状態に影響を与える食事や生活パターンのようなものには気づきましたか？

小針　仕事や家庭、生活の時間が規則的な人は、食事も整っていると感じます。1食でも自分で作るなど生活の土台がしっかりしているのです。ところがそれが乱れると、外食や加工食品に頼ることになり、添加物の入ったものや味の濃いものが増えて、体の調子も崩れてくるように感じます。

江原　ただ、現代人の多くは、時間があってもファミリーレストランやファストフードを簡単に使うところがありますね。

小針　それによって肥満の傾向は出ると思います。

江原　あ、なんかイヤな感じ！（笑）

小針　いやいや……、誰でも中年以降になると肥満の傾向は出やすいです（笑）。しかし砂糖も含めた精製度の高い炭水化物の影響は、やはり大きいと思います。加工食品、調味料、清涼飲料水にも砂糖が含まれていますから、内臓脂肪がつきやすい。体重が増えれば血液の状態も芳しくなくなります。よくビールはよくないと思われがちですが、ビールそのものよりも、付け合わせのおつまみに甘辛いものが多いのが問題ですね。

江原　脂っこいものが多いし、野菜も少なめになりますね。そういったなかで、今は糖質やプリン体をカットしたビールや、特保（特定保健用食品）のコーラだとかもたくさん出ています。それらは本当に体にいいのかどうか、よくわからない、どこか自己満足みたいなところがあるのかなと感じます。

小針　消費者が賢くならなければいけないですね。スーパーマーケットに並んでいる糖質制限と銘打ったデニッシュパンも、原材料欄を見ると、実は人工甘味料とマーガリンでほとんどできていることがわかります。糖質オフだから健康的だと思って手に取っても、中身がそれですからね。

江原　それは企業が消費者を騙そうと思ってやっているわけではなく、さまざまなニーズに対して合わせているだけなのではないでしょうか。企業にしてみたら「どれを買うのかは選んでください」と。そういう意味でも買う側は賢くならなきゃいけませんね。

小針　でも安いものへ手が伸びたりもする。知っていても、あえて目を閉じているところがあるのかもしれません。

江原　それは卵が先か、鶏が先かとも言えるんじゃないかな。私が思うのは、食生活がひどくなったことで、そういう思考しかできない人間になっているということはないだろうか、という点です。

小針　それはあると思います。実は、病気以前の状態でブレインフォグという、脳に、もやがかかったような状態があると言われているのです。それは加工食品や精製糖質などの食事に、主な原因があると言われています。

江原　ファストフードを食べ続けるとどうなるかを追ったドキュメンタリー映画で、うつっぽくなっていく様子を観たけれど、同じですね。

小針　僕は「食べ物は命をいただいている」という原点に立ち返るのが、大事だと思っています。命のない食べ物は、食べ物自体の力が、弱いというか、少ない感じがします。そういった食べ物ばかりを食べていては、自分の命も養われないでしょう。もやがかかってくるし、地に足が着かなくなってくる。そうすると生活も乱れてくる。卵が先か、鶏が先かとおっしゃいましたが、その通りです。もやがかかっている人は、自分にもやがかかっているとは気づきません。それが普通になっていますからね。

江原　気づかなくちゃいけないけれど、気づけない方向に行っている気がします。なぜかというと、安楽死に賛成する人が増えているのです。

小針　安楽死ですか。

江原　話が飛ぶようですが、実はとても深い関わりがありますよ。私は元々、安楽死は自殺と同じで、反対しています。延命のための積極的な治療は望まない尊厳死と、安楽死は違うことを、理解していない人が多いのも問題です。私は尊厳死については賛成ですが、その前提にあるのは、それまでの人生、食事も含めた生活というものを大事にしていることです。尊厳死を有意義なものにできる生き方をしているか、が重要なのです。添加物や加工食品に無頓着で、乱れた生活を送りながら、ダメならすぐリセットする、安楽死を望んでしまう。現代人の食に対するあり方、心のあり方が、そちらの方向へ向かっているように思えます。

小針　なるほど。食事が乱れる、毒っぽいものも食べてしまうようなやけくそというか、自分を大切にできていない状態というのは、ゆるやかな自殺と言い換えてもいいでしょうね。

江原　そう。ゆるやかな自殺の末が安楽死。

小針　確かにつながっていますね。

江原　テレビで安楽死が特集されたり、有名人が安楽死に賛成したりすると安易に同調してしまう風潮があります。もっと奥まで考えられない人が多いのです。

小針　表面だけ見て、奥まで考えないというのは、現代人が、気が上がった状態だからかもしれません。上虚下実《じょうきょかじつ》という言葉があります。頭寒足熱《ずかんそくねつ》と言ってもいいですが、上半身が軽やかで下半身が充実しているあり方のことで、その状態のときが肉体的にも精神的にも安定感のある状態だということです。でも現代人は逆転した状態です。それではものごとの表面しか、見られませんよね。

江原　その通りですね。

## 健全な禊ぎとは

小針　東京では毎晩、遅い時間まで飲食店でサラリーマンがお祭り騒ぎをしているような感じです。発散もあると思いますが、心のざわつきやノイズを、また違うざわつきで打ち消そうとしているようですね。まるで命をすり減らして、なんとか自分の心を鎮めようとしているかに見えます。

江原　言葉は悪いですが、発狂に近いですね。

小針　ええ、オーバーヒート状態です。スピードやマルチタスクが求められる社会ですから、都会で生きるためにはそういう体質になるのも仕方ないかと思いますが……。

江原　でも、それが果たして幸せかどうか。私は人間らしく生きることは、この都会ではできないと思いますよ。毎日が濁流のなか、まるで全自動洗濯機のなかにいるような感じですからね。

小針　一旦立ち止まらないと、そのままの状態で最後まで行ってしまうでしょう。だから断食道場に来る人は、このままじゃ危ないと気づいて、一旦立ち止まる人なのかなと思います。

江原　仕事や暮らしがあるから、急に地方に移住したいと思ってもできない。だから一旦逃げるというわけですね。

小針　ええ。断食道場の効果はいろいろあります。断食による生理的な効果はもちろんですが、僕が現場にいて感じたのは、「このままじゃマズい」と気づいた人にとって、人生を変えていくひとつの転機になっているということ。その意義は大きいと思います。日常の喧噪から離れる、避難するという意味合いで、リトリートという言葉がありますが、そういう場所はこれからも必要でしょうね。

江原　企業の役員たちが道場で断食しながら会議をすることで、新たなものが生まれるという話も聞きます。「会社のなかだけで仕事をしていてはよくない」と気づき、一旦、濁流から身を離す。落ち着いた状態で現状が見え、むしろ未来が見えてくる。それを行っている企業は、正しいと思いますよ。

小針　日常から非日常に強制的に体を移さないと、モードが切り替わらないのです。この社会、都会からの影響は、自覚的にも、無自覚的にも受けますから。今、マインドフルネスなどの瞑想が流行していますが、そういうものに興味を持つ人は、気づき始めているのだと思います。ただ、僕は田舎で暮らしていますが、田舎でも都会暮らしの生活スタイルを送っている人はいます。

江原　田舎の人でも、添加物だとかを気にせずに食事している人はいますね。都会的な新しい食べ物やインスタント食品を好む傾向があるというか。都会にいる人のほうが健康に気を遣って、自然な食材でスムージーを作っていたりする。イメージとしては逆です。

小針　実は、３大疾病の死亡率から見た健康度を表す統計では、田舎だから健康度が高いとは必ずしも言えないのです。医療過疎の問題もあると思いますが、食生活も大きな影響を与えていると言われています。近年、田舎では大きなスーパーマーケットが進出して、個人商店が減る傾向にあります。にぎやかで大きなスーパーマーケットで甘ったるい菓子パンなどが並んでいれば、買ってしまうでしょう。

江原　のどかなぶん、刺激を求めるのかもしれませんね。でも確かに、都会だから悪い、地方だからいいとは簡単に言えない問題です。都会では静寂を望む人が増えています。でも、その静寂を自然のなかに求めるならいいけれど、地方に出る術を考えない人がひきこもってしまうのかもしれないと思いますよ。そしてパソコンやゲームのバーチャルのなかに入っていく。もっと根底から考えないといけません。やっぱり知恵を持つというか、気づきは重要です。

小針　自分の日常に対する気づきがあったとき、それをどういう形で非日常にもっていくか。断食自体には、そういう効果もあると思います。

江原　確かにそれはあるでしょうね。ただ私が思うのは、やせるとか、体がよくなるという効能だけを断食の目的にしてほしくないということ。例えば、パワースポットに御利益だけを求めていくのは違いますよね。やはり感謝とか、自分を見つめるというのが大事でしょう？　それと同じです。

小針　デトックスという言葉の訴求力に惹きつけられるのでしょう。自分が毒まみれだと思っている人も多いですから。でも僕は、だから自分の体がダメだとは思ってほしくないのです。「それでも今、生きられている自分の体、その内臓に感謝しましょう」と言いたいですね。

江原　もちろんデトックスにも重点を置いていいと、私は思いますよ。むしろ重要かな。なぜかというと、今、断捨離が流行っているでしょう？　それは無駄な物があふれて、穢れているという思いがあるからですよ。自分を見つめる人ほど、穢れを禊《みそ》ぐという意識がある。滝行をする人も増えていますが、同じ側面があると思います。

小針　行としての禊ぎのようなデトックスはあっていいですね。今、サウナも人気ですが、同じかもしれません。

江原　そう、禊ぎ。穢れの意識が悪い方に出てしまうと、いくら手を洗っても落ち着かないとか、他人の物には触れられないなど極度な潔癖症にまで発展してしまうわけで、そういう人も増えていますから。だから能動的に、サウナだ、断食だと行う人は、自分で気づいている人、悟っている人で、ある意味、恵まれています。それに気づけないとずっと手を洗い続けるようなことになりかねません。ですから、デトックスという意識は導入かもしれないけれど、クローズアップしていいと思います。

小針　健全な方法で禊ぐということですね。

## 断食から自分を知る

江原　自分で気づくというのは、本当に難しいと思います。そういう意味では、人生のつまずきというのは幸いですよ。病気になるとか、精神的に行き詰まるとか、もしくは会社での競争に負けることかもしれない。そこで自分を見つめ、「人生って何なのか」と考える。つまずいて転び、全自動洗濯機の渦のなかから一回、抜け出すことになります。それなくしてずっと突っ走って行くと、どこかで転んだときの転び方が大きくなるような気がします。

小針　僕も断食道場では、大きな病気なんかをして来られる方とは話がしやすかったですね。そういう方はご自分でも、いろいろと考えていらっしゃいます。やはり自分自身で内面を振り返らないと、他人がどうこうしてあげられることではないのです。ずっと元気でやってきた人というのは、どこか健康をお金で買えると思っている部分があるように感じます。ですから病気というのは、ひとつのターニングポイントになると思いますし、先生がおっしゃることと同じで幸いだと思いますね。実際に、そうしたことと断食がきっかけで人生観が劇的に変わる人はいます。

江原　ただ食事を変えたからといっても、変わり方はゆるやかでしょうね。劇的に変わるというのは、何かがあってのプラスというか、つまずきとかが重なってのことじゃないかな？　病気とまでは言わなくても、人にはそれぞれ節目のようなものもあるでしょう。例えば30歳になったとき、40歳になったときで、体の変化を如実に感じたり、健康不安のようなことも含めて。だからどんなつまずきでも、大切だし、幸いと言えるのだと思いますよ。

小針　高齢化もあってか、老いを感じて、自分を見つめ直したいと断食道場に来られる方もいました。

江原　私は、今の80代以上の方々が長寿なのは、戦前、戦中、戦後の質素な食事が関係しているのではないかと思っています。

小針　確かにその世代は骨太な印象です。どういうことかというと、例えば断食は一種の刺激療法ですが、何か強い刺激を与えたとき、80代以上の方には跳ね返す力があるのです。断食で水だけ飲んでも、すごく元気になってしまうような感じです。粗食や貧しいなかで生きていた人が持っている生命力、気力、体力、バイタリティはすごいですね。その一方で若い人たちはそうした刺激に弱いのです。誤解を恐れず単純なたとえで言えば、戦争を生き抜いて来た人たちは叩いて直るブラウン管のテレビ、若い人は叩いたら壊れる多機能の薄型テレビのような感じです。

江原　なかなか面白いたとえですね！

小針　若い世代は複雑で毒の多い社会に生きているから、複雑にできているのかもしれませんが、断食を指導する側としてはさじ加減が難しいところもあります。

江原　そう思うと、これから長寿の時代になると言われていますが、私は疑問です。食事の影響はそれほど大きいと思いますから。でも、長く生きたからいいわけでもなく、短いから悪いわけでもない。どこまで精神性高く、幸せを実感して生きるか、クオリティが大事になるでしょう。

小針　その人の持っているパワーというか、気力とか体力のようなものが多いか少ないかは、断食の効果の出方にも影響があるんですよ。

江原　それは興味深いですね。どんな違いがありますか？

小針　断食というのはいわば引き算の療法です。もともとパワーのある人は、その引き算によって、すごく軽やかにすっきりします。食事を抜いていくほどに元気になる人が多くて、散歩に行ったら2～3時間は歩いてしまうような感じです。ところがもともとパワーが少ない人は、引き算によって、空虚になりがちです。部屋に閉じこもって、内省的になり、「なんで断食なんて始めたのかな」と考える人もいます。もちろんどちらがいい、悪いではなくて、ただの質の違いです。

江原　それは人生観にもつながっていませんか？

小針　というと？

江原　例えばエネルギッシュな人は、人生においてもエネルギッシュでしょう。都会でもどこでも生きていけるような。

小針　自力でどんどん行けるワイルドな感じ。

江原　そう。でもパワーのない人は都会にいると埋もれるというか、ついていけなくて、そのままだと病んでいく可能性もあるのではないかな。たとえるなら高山植物のような感じです。

小針　なるほど。それは当てはまるかもしれませんね。

江原　ちなみに私は言わずと知れたエネルギッシュなタイプ。断食をしているときはすごく元気になったし、生き方としても世の中にバンバン出て行くタイプ。苦言がきたら余計に「なにくそ！」という感じですしね。

小針　典型的ですね。僕はパワーがないほう。だから田舎暮らしを選びました。

江原　私のなかの臓器は、今まで絶対に「この体はブラック企業だ！」って、叫んでいたと思います。それが断食で「働き方改革だ。ありがとう！」と言っているような気がしましたよ。今まで本当に働かせすぎたと思います。

小針　相当、忙しかったですよね。

江原　だって、今よりもっと太っていたときというのは、仕事も超多忙なとき。寝る時間もなく、思い返してみてもどうやって生活していたのか信じられないくらいです。40度の熱があっても、ステーキを食べて仕事していましたからね。自分でどんどん薪《まき》をくべないと、動けないような気がしていたのです。体を動かすためにはとにかく「肉を食べなきゃ」「何か食べなきゃ」と。食べないほうが体は休まるはずなのに、なまじパワーがあるから、食べられてしまう。世間ではそれをストレスによる過食と言うのでしょうね。

小針　それが今は……。

江原　食べないほうがラクというのに気づきました。断食中に動画サイトで大食いしている人の動画を見て、食べた気になれるんだから！（笑）

小針　パワーがないタイプの人は、その動画を見たら卑屈になりますよ（笑）。

江原　多くの人は、自分のことがわからないでしょう。だから己を知るのに、断食は役に立つのでは？

小針　確かにそれはいいですね。自分はパワーがあると思っていたけれど、実は違ったとか、わかるかもしれません。

江原　パワーの少ない人が、己を知らずに都会でストレスを抱え、病気になってしまうことも多いでしょう。なんとなく気づいていながら、はっきりと自覚できていない人、あるいは家庭や生活のしがらみで変えたくても変えられない人が、先ほど言ったようなずっと手を洗い続けるような症状に出ているケースも多いと思うのです。だから早く自分のフィールドを見つけたほうがいい。断食によって気づけることは多いし、そこから思い切って、生き方を変えることもできるんじゃないかなと思います。

小針　そうですね。今は都市部と地方の2拠点で暮らす人もいますし、そうできる時代ですから。

## 心地よい暮らしで命を活かす

江原　その一方で、なかにはもうあきらめている人もいるのかなと思います。自分は都会暮らしが向いていないけれど、もうここで生きるしかないと。仕事を捨てられないとか、家族が反対しているとか。定年までなんとか頑張ろうとか。

小針　良くも悪くも達観したあきらめを持ちながら、スケジュールを組んで断食道場に行き、日常は都会で頑張る人もいます。でも体には症状として正直に出るでしょうね。

江原　そう考えると辛いですね。だから少しでも心地よい暮らしができるように、幸せを見つけていくことが大事ですね。例えばそれが家庭菜園かもしれないし、旅行だったり、近所の会館で将棋をさすことかもしれない。

小針　僕も田舎に住んでいながら、夜空を見上げて「ああ、しばらく空を見ていなかったな」というときがあります。だから「自分にも都会的な傾向が残っているんだな」と感じます。だけど都会でも見上げれば空はありますし、自然というのは近くにあると思うのです。

江原　都会的な傾向だからというよりも、田舎の人は自然が身近すぎて、目に入っていないかもしれないですね。佑太は10年の指導員経験を経た今、新たな場所で、新たな提案をしたいと考えているのですね？

小針　僕は今まで断食や食を専門にやってきましたから、そこを核としつつ、日常の基本となる土台、生活の質を見直す提案をしたいと思っています。生活というのは、漢字で「生命を活かす」と書きます。これからは生命を活かしていくような生活スタイルの提案をしていきたいですね。

江原　断食というメソッドにおいてはいろいろな方法がありますから、指導者の存在は大事だと思います。先ほども言ったように、効能だけを求めるのも違うでしょうし。

小針　断食は医学的には、絶食療法という形で東北大学の心療内科で研究されています。民間療法とは違うという意味で「絶食」と言っているようですが、古くから断食によって精神疾患が良くなるというのがわかっていたから、研究も心療内科が出発なのでしょう。

江原　今はかなりアカデミックになっているということですね。

小針　オートファジーという画期的な研究がありますが、断食と親和性が高いので、断食の追い風にもなっています。

江原　逆に学術的な言葉がひとり歩きすると、断食詐欺だとかが登場するのも世の常だから、気をつけないといけませんね。「オートファジーって知っていますか？　病気も良くなるんですよ」なんてね。

小針　そうやってひとつのマーケットができてしまう危険性はあります。

江原　かといって水だけの断食は危ない。きちんとしたメソッドに則《のっと》ってやらないといけません。

小針　断食を安全に行うには、ある程度、型を決めてやることです。食事を抜くというのは意外と簡単で、「すっきりした」「元気になった」と感じて調子がよくできてしまう人は多いです。ところがそのあとで食事量や内容を少しずつ戻すことが重要であり、これが難しいのです。回復食と言いますが、この回復食の段階で命に関わる事故が起きることもあります。また、断食中に効果的なお風呂の入り方、逆に注意すべき入り方もあります。断食中の入浴で、めまいを起こして倒れてしまう方もいらっしゃいますから。そこに断食道場などの施設や、指導者の役割があるのです。

江原　自己流では、いけないということですね。

小針　はい、食べなきゃいいと短絡的に始めるのは危険ですね。最初は専門家の指導を受けたほうがいいでしょう。ご自宅で行う場合は、断食の期間を短くするとか、やり方の型をちゃんと決めて、厳密に行う必要がありますので、そのあたりもちゃんと伝えていきたいと思っています。

HIROYUKI EHARA

江原啓之（えはら・ひろゆき）

1964年生まれ。世界ヒーリング連盟元会員。和光大学人文学部芸術学科を経て國學院大学別科神道専修Ⅱ類修了。一般財団法人日本スピリチュアリズム協会代表理事。吉備国際大学ならびに九州保健福祉大学客員教授。一般社団法人日本フィトセラピー協会顧問。著書に、『子どもが危ない！――スピリチュアル・カウンセラーからの警鐘』『いのちが危ない！――スピリチュアル・カウンセラーからの提言』他、近著に『聖なるみちびき　イエスからの言霊』『人生を変える7つの秘儀』『江原さん、こんなしんどい世の中で生きていくにはどうしたらいいですか？』。

あなたが危《あぶ》ない！――不幸《ふこう》から逃《に》げろ！

2019年10月30日　第1刷発行
2020年 1月25日　第3刷発行

著　者｜江原啓之《えはらひろゆき》
発行人｜遅塚久美子
発行所｜株式会社ホーム社
〒101-0051　東京都千代田区神田神保町3-29 共同ビル
電話　編集部　03-5211-2966
発売元｜株式会社集英社
〒101-8050　東京都千代田区一ツ橋2-5-10
電話　販売部　03-3230-6393（書店専用）
読者係　03-3230-6080

印刷所｜凸版印刷株式会社
製本所｜株式会社ブックアート

定価はカバーに表示してあります。


ISBN978-4-8342-5332-0　C0095